"十四五"国家重点出版物出版规划项目

国家出版基金项目
NATIONAL PUBLICATION FOUNDATION

印度尼西亚
职业教育研究

陆妍旭　著

外语教学与研究出版社
FOREIGN LANGUAGE TEACHING AND RESEARCH PRESS
北京 BEIJING

■ 图书在版编目（CIP）数据

印度尼西亚职业教育研究 ／ 陆妍旭著． －－ 北京 ：外语教学与研究出版社，
2024．11． －－（现代职业教育发展国别研究丛书 ／ 米靖总主编）． －－ ISBN
978-7-5213-2772-4

Ⅰ. G719.342

中国国家版本馆 CIP 数据核字第 2024S56H26 号

印度尼西亚职业教育研究
YINDUNIXIYA ZHIYE JIAOYU YANJIU

出 版 人　王　芳
项目负责　李淑静
责任编辑　李　辉
责任校对　牛贵华
封面设计　范晔文　彩奇风
出版发行　外语教学与研究出版社
社　　址　北京市西三环北路 19 号（100089）
网　　址　https://www.fltrp.com
印　　刷　北京捷迅佳彩印刷有限公司
开　　本　710×1000　1/16
印　　张　10
字　　数　162 千字
版　　次　2024 年 11 月第 1 版
印　　次　2024 年 11 月第 1 次印刷
书　　号　ISBN 978-7-5213-2772-4
定　　价　44.00 元

如有图书采购需求，图书内容或印刷装订等问题，侵权、盗版书籍等线索，请拨打以下电话或关注官方服务号：
客服电话：400 898 7008
官方服务号：微信搜索并关注公众号"外研社官方服务号"
外研社购书网址：https://fltrp.tmall.com

物料号：327720001

总序

当前，世界处于百年未有之大变局，经济全球化发展的巨变进一步推动全球治理体系的变革。职业教育作为一种与社会经济发展密切相关的活动，既能助力社会经济发展，也会受社会经济发展新态势的影响而不断转型变革。经济全球化使人才市场趋向国际化，世界性的人才供给市场正在形成，作为人才供给端的职业教育正在形成全球治理的新格局。世界职业教育发展进入一种"共生、共享"的新格局。职业教育对外交流合作的水平和程度成为一国职业教育能否高质量发展的重要标志，在坚持和扩大教育对外开放政策和"一带一路"倡议指引下，中国职业教育对外交流合作呈蓬勃发展之势。打造中国特色职业教育品牌，融入全球职业教育治理新格局，亟须加强职业教育国别研究。

2022年，教育部在天津举办首届世界职业技术教育发展大会，以"互学互鉴、共商共享"为理念，促进职业教育的国际交流与合作。大会作为促进职业教育国际交流与合作的新平台，作为推动我国同世界互学互鉴、交流分享职业教育发展的重大活动，其可持续性影响力的传播有赖于对大会成果进行持续的研究、转化和推广。因此，出版一套"现代职业教育发展国别研究丛书"非常必要，对于扩大大会的影响力，推动大会成果落实落地，增强中国职业教育的国际话语权，提升我国同世界职教的对话能力具有重要价值。

基于上述考虑，天津职业技术师范大学职业教育学院团队牵头，组织校内外相关人员组成的编写团队进行多次研讨论证，统一编写理念，凝聚编写思路，全力打造了本套"现代职业教育发展国别研究丛书"，旨在共享他国职业教育治理模式。本丛书主要围绕"一带一路"共建国家及其他相关国家和区域的职业教育发展历程及现状，策划了《英国职业教育研究》

《德国职业教育研究》《泰国职业教育研究》《瑞士职业教育研究》《葡萄牙职业教育研究》《印度职业教育研究》《柬埔寨职业教育研究》《巴基斯坦职业教育研究》《南非职业教育研究》《印度尼西亚职业教育研究》《埃塞俄比亚职业教育研究》《新加坡职业教育研究》《埃及、摩洛哥职业教育研究》《俄罗斯、塔吉克斯坦、哈萨克斯坦、乌兹别克斯坦职业教育研究》《西非四国（尼日利亚、科特迪瓦、加纳、马里）职业教育研究》15 本著作。各书主要围绕各国概况（包括该国的历史、政治、经济、社会、人口、产业、劳动力市场发展情况等）、教育体系、职业教育和培训体系、职业教育治理机制（包括职业教育立法体系、职业教育管理机构和机制、经费支持、职业教育政策发展、国家资格框架等）、职业教育教师培养及培训、职业教育机构教学模式与方法、职业教育国际交流与合作等方面的内容进行撰写。

本丛书的总体编写思路如下：一是突出各国职业教育发展的特色，对各国职业教育的研究求同存异，既找出其共性的普遍发展规律，也彰显出各国的独特性；二是挖掘各国职业教育背后的社会经济、文化传统、制度体系等因素，跳出职业教育来审视职业教育，克服就职业教育而谈职业教育的状况，将职业教育放在国家整体发展的格局中来审视，分析各国职业教育背后相关因素的作用；三是揭示各国职业教育发展的内在规律，分析各国职业教育发展情况的根本意义在于为全球贡献可供借鉴推广的一般性内在规律，促进全球职业教育的共进发展。

为高质量打造本丛书，我们组织了一支优秀的团队，以天津职业技术师范大学的青年教师为主，同时协同了校外和境外的专家学者，他们拥有深厚的职业教育研究功底，具有较为丰富的国际职业教育研修经历，很好地保障了丛书的撰写质量。丛书撰写的过程中，我们多次召开研讨会，在编写思路、写作规范和成文风格等方面互相碰撞，不断打磨，形成了统一的范式，也绽放了各自的个性，在规范化和个性化之间保持了张力。

本丛书的出版得到了外语教学与研究出版社的大力支持，外语教学与研究出版社面向国际，近年来特别关注职业教育领域的选题和项目，以积极开放的态度服务中国职业教育对外交流合作。在此，特别感谢外语教学与研究出版社的策划及编辑团队，相信本丛书在外语教学与研究出版社出版，必将更加大放异彩。

我们坚信，在中国职业教育对外合作交流的大格局中，"现代职业教育发展国别研究丛书"将成为理解世界各国职业教育发展现状的桥梁和彰显我国综合国力、文化软实力的载体，为构筑"人类命运共同体"贡献独特的力量。

"现代职业教育发展国别研究丛书"编写组

2022 年 7 月

前言

职业教育是国民教育体系和人力资源开发的重要组成部分，是广大青年打开通往成功成才大门的重要途径，肩负着培养多样化人才、传承技术技能、促进就业创业的重要职责。在全面建设社会主义现代化国家新征程中，职业教育前途广阔、大有可为。近年来，我国的职业教育培养了一大批支撑经济社会发展的技术技能人才，在服务国家战略、服务区域发展、服务脱贫攻坚、促进教育公平等方面发挥了重要作用。截至 2022 年 5 月，我国职业学校开设 1 300 余个专业、12 万余个专业点，基本覆盖了国民经济各领域，有力支撑我国成为全世界唯一拥有全部工业门类的国家。

2022 年新修订施行的《职业教育法》明确"国家鼓励发展多种层次和形式的职业教育"，为着力提升职业教育认可度、建立健全现代职业教育体系、深化产教融合与校企合作、完善职业教育保障制度和措施等奠定了法治基础。党的二十大报告提出了"优化职业教育类型定位"的要求，为进一步促进我国职业教育实现高质量发展提供了指引。而推进中国特色现代职业教育体系的构筑、促进职业教育的国际化，需要我们分析和借鉴他国发展职业教育的经验和教训。

当前，我国学界对外国职业教育的研究多集中在欧美等发达国家，对东南亚国家的研究甚少。在全球经济缓慢增长和深度调整的背景下，东南亚国家经济增长速度普遍放缓，但多数国家经济仍保持弹性且稳步增长。印度尼西亚作为东盟最大国家、东南亚最主要的经济体，经济常年保持 5% 左右的增长率，2022 年经济增长率为 5.31%，是自 2013 年以来的最快增速，2023 年经济增长率为 5.05%。印度尼西亚经济能够常年保持强劲增长，与其职业教育的高速发展是分不开的。

2023 年 2 月，印度尼西亚教育、文化、研究和技术部部长纳迪姆在发布《关于振兴职业教育和培训》时说："振兴职业教育和培训是一次以全面、连续、综合和协调的方式改善或提高职业教育水平的努力。"这意味着印度尼西亚职业教育的范式将从以前的供应导向转型为需求导向，旨在使印度尼西亚接受职业教育的毕业生能够真正满足工作和社会的需求。基于此，探讨印度尼西亚职业教育可为推进中国特色现代职业教育体系的构筑提供一定的参考。

基于以上考虑，本书将从七个方面对印度尼西亚职业教育进行探讨：第一章介绍印度尼西亚国家概况，第二章介绍印度尼西亚教育概况，第三章梳理印度尼西亚职业教育体系，第四章分析印度尼西亚职业教育治理，第五章研究印度尼西亚职业教育教师治理，第六章梳理印度尼西亚职业教育课程，第七章揭示印度尼西亚职业教育发展态势。

本书将职业教育放在印度尼西亚国家整体发展的格局中来审视，挖掘该国职业教育背后的社会经济、文化传统、制度体系等因素，突出印度尼西亚职业教育发展的特色，在彰显其独特性的同时寻找职业教育发展的内在普遍规律，以期为促进中国特色现代职业教育的发展和国际化提供借鉴，进而促进全球职业教育的共同发展。

陆妍旭

2024 年 9 月于天津职业技术师范大学

目录

第一章

国家概况

印度尼西亚全称为印度尼西亚共和国（Republic of Indonesia），位于亚洲东南部，地跨赤道，是世界上最大的岛国、最大的群岛国家，也是海岸线最长（约 5.47 万公里）的国家之一，国土面积约 191.4 万平方公里，海洋面积约 316.6 万平方公里（不包括专属经济区）。印度尼西亚与巴布亚新几内亚、东帝汶、马来西亚接壤，与泰国、新加坡、菲律宾、澳大利亚等国隔海相望。

印度尼西亚是东南亚第一人口大国，世界第四人口大国。根据印度尼西亚国家统计局 2023 年 6 月公布的年中人口统计，其人口约为 2.79 亿。[1]印度尼西亚地区人口密度差异较大，首都雅加达是该国人口密度最大的地区。[2]印度尼西亚有数百个民族、200 多种民族语言，官方语言为印尼语。

印度尼西亚是东南亚国家联盟及东亚峰会创始国之一，也参加了不结盟运动、伊斯兰合作组织及二十国集团，还是与中国签订共建"一带一路"合作文件的国家。

---

[1] 资料来源于印度尼西亚国家统计局网站。
[2] 同[1]。

第一节　历史及地理位置

一、历史

印度尼西亚历史悠久，14 世纪后逐渐形成现今的版图。从 16 世纪开始，印度尼西亚先后遭受了荷兰、英国等国的殖民统治，1942 年沦为日本殖民地。1945 年 8 月 17 日独立以后，先后武装抵抗英国、荷兰的入侵，其间曾被迫改为印度尼西亚联邦共和国并加入荷印联邦。1950 年 8 月重新恢复为印度尼西亚共和国，1954 年 8 月脱离荷印联邦。1998 年，印度尼西亚进入民主化时期。2004 年 7 月，印度尼西亚首次进行总统直选。

印度尼西亚的职业教育在其国家历史发展过程中逐步成长。自荷兰殖民统治时期起，印度尼西亚就开始以有限的方式发展职业教育。但是，此时的职业教育并不是为了印度尼西亚人技能的发展，而是为了满足殖民统治者对劳动力的需要。日本殖民统治期间，荷兰殖民者建立的教育体系被更替为日本教育体系，教师必须用日语教学，职业技术术语必须用日语表示，印度尼西亚职业教育规模有所缩小。[①] 印度尼西亚独立以后对职业教育进行了持续的改革，1998 年以前的改革主要集中于职业教育体系的建立与完善，1998 年以后的改革旨在应对不断发展变化的国内外经济环境和劳动力市场需求。

二、地理位置

印度尼西亚的地理位置十分重要。它位于亚欧大陆和澳大利亚大陆之间，分隔太平洋及印度洋，北邻菲律宾，西隔马六甲海峡与马来西亚、新加坡相望。印度尼西亚是世界上最大的群岛国家，岛屿之间的很多海峡都是连接大洋洲、太平洋和印度洋的通道。因此，印度尼西亚掌握着重要的

---

① SUHARNO, NUGROHO AGONG PAMBUDI, BUDI HARJANTO. Vocational education in Indonesia: History, Development, Opportunities, and Challengese［J］. Children and Youth Services Review, 2020（115）: 1–8.

国际海洋交通线。印度尼西亚地跨赤道，全年气候温暖湿润，陆上河流众多，自然资源丰富，有"热带宝岛"之称。印度尼西亚的地理位置及自然资源直接影响了当地的经济、产业以及对劳动力的需求，在一定程度上也影响了本国职业教育的发展。

第二节　国家政府体系和法律体系

一、政府体系 [①]

印度尼西亚实行总统制，总统为国家元首、行政首脑和武装部队最高统帅。总统、副总统均由全民直选产生，任期 5 年，总统可连任一次。总统任命内阁，内阁对总统负责。

印度尼西亚现行宪法是 1945 年 8 月 18 日颁布实施的《"四五"宪法》。该宪法规定印度尼西亚为单一的共和制国家，"信仰神道、人道主义、民族主义、民主主义、社会公正"是印度尼西亚建国五项基本原则（简称"潘查希拉"）。

在印度尼西亚，人民协商会议（简称"人协"）是国家最高权力机构和立法机构，负责制定、修改和颁布宪法，对总统进行监督，根据大选结果任命总统、副总统，依法对总统、副总统进行弹劾等。人民协商会议只设中央一级，印度尼西亚本届人协（2019 年 10 月成立）共有议员 711 名，包括国会议员 575 名、地方代表理事会成员 136 名，任期 5 年。人民协商会议每年召开一次年会，必要时可召开特别会议。

人民代表会议（即"国会"）是印度尼西亚的国家立法机构，行使除制定和修改宪法之外的一般立法权。国会无权解除总统职务，总统也不能宣布解散国会；但如总统违反宪法，国会有权建议人协追究总统责任。印

[①]　资料来源于中华人民共和国外交部网站、中华人民共和国商务部网站。

度尼西亚本届国会（2019年10月成立）共有议员575名，均兼任人民协商会议议员，任期5年。

地方代表理事会是印度尼西亚于2004年10月成立的立法机构，负责有关地方自治、中央与地方政府关系、地方省市划分和国家资源管理等方面的立法工作，参与讨论并监督预算、税收、教育、宗教等法律的实施情况等。地方代表理事会成员分别来自全国34个省级行政区，每区4名代表，共136名，均兼任人民协商会议议员。

印度尼西亚行政机构由中央政府和地方政府组成。中央政府包括总统、内阁和中央直属政府部门。

印度尼西亚本届内阁于2019年10月组建，于2020年12月、2021年4月、2022年6月、2023年7月四次改组。内阁现任阁员34人，任期至2024年。内阁成员一般都是财政部、外交部、人力部等中央直属政府部门的负责人。

印度尼西亚实行三权分立，最高法院独立于立法和行政机构。最高法院院长由最高法院法官选举产生。

二、法律体系

印度尼西亚的法律和法律制度的发展深受欧洲大陆法系特别是荷兰法律的影响，但印度尼西亚没有建立统一的法律体系，其法律文化呈现多元化的特点。印度尼西亚的法律渊源主要包括习惯法、伊斯兰教法、荷兰殖民时期的法律和法令，以及印度尼西亚独立以后制定的法律法规。印度尼西亚现行的法律可以分为宪法和行政法、婚姻家庭和财产继承法、民商法和经济法、刑法四大类。①

---

① 资料来源于中国法官培训网。

第三节　人口结构现状与变化趋势

印度尼西亚是世界第四人口大国，约 2.79 亿人口分布在 1.7 万多个岛屿上。其中，爪哇岛上的人口约占全国人口的 56.7%，爪哇岛也是世界上人口最多的岛屿。该国目前的人口密度为每平方公里 142 人。

一、人口增长率合理

2018—2023 年，印度尼西亚人口总数由 2.67 亿增长到 2.79 亿。从总体上看，印度尼西亚人口总数呈现逐年小幅增长的趋势，且增长速度合理。从人口增长率看，虽然逐年略有下降，但一直高于 1%，处于合理范围内。2018—2023 年印度尼西亚年中人口总数和人口增长率见表 1.1。

表 1.1　2018—2023 年印度尼西亚年中人口总数和人口增长率

年份	年中人口总数 / 千人	人口增长率 /%
2018	264 161.6	1.33
2019	266 911.9	1.31
2020	270 203.9	1.25
2021	272 682.5	1.22
2022	275 773.8	1.17
2023	278 696.2	1.13

资料来源：印度尼西亚国家统计局网站。
注：印度尼西亚国家统计局使用的人口增长率计算方法是几何方法。

二、劳动力人口比例大

20 世纪 60 年代，印度尼西亚人口迅速膨胀，人口增长率一度超过经济增速。后来虽然开始实施计划生育政策，但人口增长率仍然持续高于 1.1%，其人口数量预计到 2050 年将超过美国。印度尼西亚的人口相当年轻,2023 年统计的人口中位年龄为 29.5 岁,虽然正在缓慢上升,但预计到 2050 年也仅会达到 36 岁。根据印度尼西亚国家统计局公布的 2010 年和 2020 年两次人口普查的结果,印度尼西亚 15—64 岁的人口占该国总人口的比例由 66.09％上升到 69.28％。按国际一般通用标准,15—64 岁属于劳动适龄范围。可见,印度尼西亚有着充足的劳动力人口,正在享受人口红利。2010 年和 2020 年印度尼西亚各年龄组人口数量见表 1.2。

表 1.2　2010 年和 2020 年印度尼西亚各年龄组人口数量

年龄组 / 岁	2010 年人口数 / 人	2020 年人口数 / 人
0—4	22 678 702	22 072 497
5—9	23 253 480	22 094 355
10—14	22 671 081	22 195 880
15—19	20 880 734	22 312 590
20—24	19 891 633	22 682 370
25—29	21 310 443	22 355 975
30—34	19 830 685	21 904 549
35—39	18 505 131	20 910 927
40—44	16 524 852	19 943 111
45—49	14 040 982	18 022 497
50—54	11 561 321	15 746 392
55—59	8 448 570	13 120 852
60—64	6 058 761	10 209 493
65—69	4 694 031	7 454 011
70—74	3 456 331	4 553 918
75—79	1 977 905	2 620 732
80—84	1 143 170	1 344 982
85—89	437 961	512 786

年龄组 / 岁	2010 年人口数 / 人	2020 年人口数 / 人
90—94	170 899	127 066
95 岁以上	104 654	18 934
合计	237 641 326	270 203 917

资料来源：印度尼西亚国家统计局网站。

三、人口城市化

印度尼西亚在 20 世纪 70 年代的快速发展推动了城市化发展，城市人口比重在 20 世纪 80 年代末开始迅速上涨，2010 年城市人口数比重达到 49.83%，2022 年上升到 56.40%。2010 年和 2022 年印度尼西亚城乡人口数量见表 1.3。

据统计，2021 年印度尼西亚首都雅加达的人口密度达到了每平方公里 15 978 人。相比之下，该国的总人口密度仅为每平方公里 142 人。①

表 1.3　2010 年和 2022 年印度尼西亚城乡人口数量

年份	城市人口 / 人	农村人口 / 人	合计 / 人
2010	118 320 256	119 321 070	237 641 326
2022	155 523 750	120 250 024	275 773 774

资料来源：印度尼西亚国家统计局网站。

四、教育普及程度高

印度尼西亚政府非常重视国民的教育，教育普及程度较高。截至 2022 年，印度尼西亚 15—59 岁人群的识字率达到 98.49%，15—24 岁人群的识字率达到 99.80%。2017—2022 年印度尼西亚人口识字率见表 1.4。

---

① 资料来源于印度尼西亚国家统计局网站。

表1.4　2017—2022 年印度尼西亚人口识字率

年份	15—24 岁识字率 /%	15—59 岁识字率 /%
2017	99.66	97.93
2018	99.71	98.07
2019	99.76	98.22
2020	99.78	98.29
2021	99.78	98.44
2022	99.80	98.49

资料来源：印度尼西亚国家统计局网站。

从教育完成率上看，印度尼西亚初中阶段和高中阶段的教育完成率正在逐年上升。2015 年，初中阶段的教育完成率还没有达到 80％，高中阶段的教育完成率刚刚超过 50％。到了 2022 年，初中阶段的教育完成率已经超过 90％，高中阶段的教育完成率也达到 66％以上。2015—2022 年印度尼西亚教育完成率见表 1.5。

表1.5　2015—2022 年印度尼西亚教育完成率

年份	初中及同等学力教育 B 完成率 /%	高中及同等学力教育 C 完成率 /%
2015	79.05	52.04
2016	83.76	57.47
2017	84.74	57.71
2018	84.96	61.84
2019	85.23	58.33
2020	87.89	63.95
2021	88.88	65.94
2022	90.13	66.13

资料来源：印度尼西亚国家统计局网站。

印度尼西亚教育普及程度和学历层次越来越高，意味着该国劳动力的受教育程度越来越高。

五、贫困人口数量下降

印度尼西亚是一个新兴的中等收入国家，在减少贫困方面取得了令人刮目相看的成就。2000—2019 年，该国的贫困严重程度指数（Indeks Keparahan Kemiskinan）从 1.02 降低到 0.36。虽然受新型冠状病毒感染疫情的影响，印度尼西亚的贫困严重程度指数曾有小幅上升，但是到 2022 年上半年就已几乎恢复到 2019 年的状态。2000—2023 年印度尼西亚贫困严重程度指数见表 1.6。

表 1.6　2000—2023 年印度尼西亚贫困严重程度指数

统计时间	贫困严重程度指数
2000 年	1.02
2010 年	0.58
2018 年 3 月	0.44
2018 年 9 月	0.41
2019 年 3 月	0.37
2019 年 9 月	0.36
2020 年 3 月	0.38
2020 年 9 月	0.47
2021 年 3 月	0.42
2021 年 9 月	0.42
2022 年 3 月	0.39
2022 年 9 月	0.38
2023 年 3 月	0.38

资料来源：印度尼西亚国家统计局网站。

从贫困人口占总人口数的百分比来看，印度尼西亚的贫困人口在大幅减少，2000 年该国贫困人口占总人口的百分比为 19.14%，到 2023 年 3 月已经下降到 9.36%。2000—2023 年印度尼西亚贫困人口占比见表 1.7。

表 1.7　2000—2023 年印度尼西亚贫困人口占比

统计时间	贫困人口占比 /%
2000 年	19.14
2010 年	13.33
2018 年 3 月	9.82
2018 年 9 月	9.66
2019 年 3 月	9.41
2019 年 9 月	9.22
2020 年 3 月	9.78
2020 年 9 月	10.19
2021 年 3 月	10.14
2021 年 9 月	9.71
2022 年 3 月	9.54
2022 年 9 月	9.57
2023 年 3 月	9.36

资料来源：印度尼西亚国家统计局网站。

第四节　经济与就业

印度尼西亚是东盟最大的经济体，在全球位列第十六位，是东盟各国中唯一能在全球被归为大型经济体的国家，目前位于世界银行确定的中高等收入国家行列。第一产业、第二产业均在印度尼西亚的国民经济中发挥着重要作用，微型、小型和中小型企业是印度尼西亚经济的主体。

一、经济发展现状

纵观经济发展历程，印度尼西亚自取得独立后开始缓慢地发展经济，1950—1965 年国内生产总值（Gross Domestic Product，GDP）年均增长率仅为 2%。20 世纪 60 年代后期，印度尼西亚政府开始调整经济结构，经济增长逐渐提速，1970—1996 年 GDP 年均增长率达到 6%，跻身中等收入国家行列。1997 年受亚洲金融危机重创，印度尼西亚经济严重衰退，货币大幅贬值。直到 1999 年底才开始缓慢复苏，GDP 年均增长率达 3%—4%，至 2003 年底按计划结束国际货币基金组织的经济监管。2004 年，印度尼西亚政府采取吸引外资、发展基础设施建设、整顿金融体系、扶持中小企业发展等措施，取得积极成效，此后几年经济增长率一直保持在 5% 以上。

2008 年，印度尼西亚政府面对国际金融危机应对得当，经济仍保持较快增长。2014 年以来，受全球经济不景气和美联储货币政策调整等影响，印度尼西亚经济增长有所放缓，但在总统提出建设"全球海洋支点"的构想后，印度尼西亚大力发展海洋经济和基础设施，经济仍保持稳步增长。

2022 年，印度尼西亚 GDP 为 1.29 万亿美元，同比增长 5.31%；人均 GDP 为 4 783.9 美元；对外贸易总额为 5 295 亿美元，同比增长 23.79%。[1]

二、产业结构

印度尼西亚自 20 世纪 80 年代中期石油价格下跌后开始工业化，特征是产业结构从农业向工业的转变。制造业在转型初期的作用日益增强，趋向工业化。印度尼西亚制造业日益增长的贡献在 21 世纪初达到了顶峰。[2]

---

[1] 资料来源于中华人民共和国外交部网站。

[2] EKA PUSPITAWATI. Indonesian Industrialization and Industrial Policy: Peer Learning from China's Experiences ［M］. United Nations Conference on Trade and Development，2021.

近年来，印度尼西亚的产业结构从制造业开始向农林渔业、服务业等其他产业转移。从 2022 年和 2023 年第二季度各领域 GDP 来看，农林渔业仍是印度尼西亚的第一支柱产业，服务业生产总值次之，而工业、制造业等第三产业生产总值均低于农林渔业和服务业。2022 年和 2023 年第二季度印度尼西亚 GDP 前五位产业见表 1.8。

总而言之，在印度尼西亚工业化初期，农业在国民产出中的份额逐渐下降，取而代之的是制造业，但是在制造业变得强大和稳固之前，印度尼西亚国民经济又转向以农林渔业和服务业为主。

**表 1.8　2022 年和 2023 年第二季度印度尼西亚
GDP 前五位产业**

年份	产业	GDP／十亿印尼盾
2022	农林渔业	2 428 900 500
	运输和仓储	983 530 100
	信息和通信	812 807 500
	金融服务和保险	809 356 700
	政府管理、国防和强制性社会保障	605 117 300
2023 年第二季度	农林渔业	697 584 900
	加工业	953 900 500
	批发和零售贸易、汽车和摩托车维修	671 555 200
	采矿	547 856 900
	建筑	492 779 600

资料来源：印度尼西亚国家统计局网站。

三、失业率

印度尼西亚政府关注经济发展,在减贫和促进就业方面做了很多努力。虽然该国失业率高于5%,但是从全球总体上看,印度尼西亚是失业率较低的国家。从2011年到2018年,印度尼西亚的失业率下降了2个百分点。但是从2020年开始,受新型冠状病毒感染疫情影响,失业率再次上升到7%以上,到2022年有所恢复,降低到6%以下。2011—2023年印度尼西亚失业率见表1.9。

表1.9　2011—2023年印度尼西亚失业率

年份	失业率/%
2011	7.48
2012	6.13
2013	6.17
2014	5.94
2015	6.18
2016	5.61
2017	5.5
2018	5.3
2019	5.23
2020	7.07
2021	6.49
2022	5.86
2023	5.32

资料来源:印度尼西亚国家统计局网站。
注:印度尼西亚国家统计局每年2月和8月发布两次失业率统计数据,本表中仅列举每年8月份的统计数据。

从教育层次的失业率看，2021—2022 年，印度尼西亚的职业高中毕业生的失业率最高，其次是普通高中毕业生，持有 D1—D3 文凭的毕业生失业率最低，见表 1.10。由此可见，在印度尼西亚，接受高等职业教育的人群更容易实现就业，而接受中等职业教育的人群仍存在就业困难。

表 1.10　2020—2022 年印度尼西亚不同教育层次失业率

教育层次	2020 年失业率 / %	2021 年失业率 / %	2022 年失业率 / %
初中	6.46	6.45	5.95
普通高中	9.86	9.09	8.57
职业高中	13.55	11.13	9.42
D1—D3 文凭	8.08	5.87	4.59
本科	7.35	5.98	4.8

资料来源：印度尼西亚国家统计局网站。

第二章

教育概况

从劳动力人口的角度来看，印度尼西亚还是一个"年轻"的国家，5—24 岁的青少年数量约占其人口总数三分之一。因此，在发展教育事业的同时促进教育公平和增加公民受教育机会，对印度尼西亚而言意义非同寻常。本章将对印度尼西亚当代教育的发展历程、教育体系及教育管理体制分别进行阐释。

第一节　当代教育发展历程 ①

1900 年前后，殖民者在印度尼西亚实行所谓的"道义政策"，发展教育是其中的重要内容。当然，以殖民者管理需求为首要动机的教育发展是有限、缓慢且不均衡的，直到 1920 年印度尼西亚才出现了第一所大学。到 1940 年，印度尼西亚只有 4% 的人能读书看报。自 1945 年独立后，印度尼西亚政府和社会各界高度关注各层次教育的普及和教育质量的提高，此后其教育发展历程可以划分为关注基础教育的起步阶段、重视高等教育的稳步发展阶段和教育改革阶段三个阶段。

---

① 杨晓强. 印度尼西亚 [M]. 大连：大连海事大学出版社，2018：85-87.

一、关注基础教育的起步阶段（1945—1966 年）

印度尼西亚独立之初，百废待兴。印度尼西亚政府试图为发展教育事业奠定基础，于 1950 年颁布了有关基础教育的法案，推行六年义务教育制并开展大规模的扫盲运动。到 1961 年，印度尼西亚人口的文盲率已从 1945 年的 95％降到 40％，小学生人数从 200 万增加到 800 万，中学生人数从 2.5 万增加到 70 万。在这个阶段，印度尼西亚关注的重心是基础教育，因而其高等教育发展缓慢，学生人数不到 17 万（1963 年）[①]。

二、重视高等教育的稳步发展阶段（1967—1997 年）

1967 年，印度尼西亚进入"新秩序"时期，其教育事业在这一时期获得稳步发展。在此阶段，印度尼西亚国内政治和社会形势稳定，经济连年高速增长，政府不断加大对教育的投入。1969 年，印度尼西亚成立教育发展局，并于 1973 年颁发总统令，要求利用一部分石油出口的收入在各地兴办小学，至 20 世纪 90 年代初，其小学数量已近 15 万所。经政府强力推动，六年义务教育制得到落实，并从 1994 年开始改革为九年义务教育制。印度尼西亚随后还进行了两次中小学课程体系改革，1975 年的第一次改革突出强调对现代科技知识的教授，1984 年第二次改革的重心是在一定程度上赋予学校和教师安排教学的自主权。

这一阶段，印度尼西亚社会对高等教育的需求迅速增加，高校如雨后春笋般建立，在校生人数不断增加，仅公立大学学生人数就超过 43 万（1995 年）[②]。这不仅是因为中学毕业生人数增加，更是因为印度尼西亚正在努力跨过中等偏低收入国家门槛，需要大量管理人员、专业技术人才和高素质劳动者。

---

① 王名扬，汉迪·尤尼亚多. 印度尼西亚文化教育研究 [M]. 北京：外语教学与研究出版社，2023：129.
② 同① 131.

三、教育改革阶段（1998 年至今）

1997 年亚洲金融危机给印度尼西亚的教育带来巨大冲击，学校由于缺乏资金和通货膨胀而大幅提高学费，居民收入却在下降，由此导致中小学辍学率攀升，在贫困地区最高竟有四分之一的学生辍学。

但是，同期发生的政治转型却给印度尼西亚教育的大踏步前进奠定了基础。1999 年，印度尼西亚人民协商会议通过的国家大政方针纲要提出开展包括课程改革在内的教育体系改革，使教育更贴近不同个体、各个行业的需求，并照顾到地区利益。同年的《地方政府法》《高等教育政府条例》给予地方政府和高校更大的自主管理教育的权力。

21 世纪初，印度尼西亚经济情况开始好转，教育改革举措落到实处，并开始追加教育经费。2005 年，基于宪法修正案关于教育经费应占财政支出比重增加的指导精神，印度尼西亚中央政府设立"学校维持基金"，拨出数十亿印尼盾的专项资金直接投入各类学校建设，教育拨款金额占财政支出的比例从 2001 年的 11.5％ 猛增到 16％。当时，经济发达地区的小学入学率可达 100％，贫困地区的小学入学率也达到了 60％。15—24 岁的年轻人中，只有 2％ 不识字。

这一阶段，印度尼西亚高等教育发展成就特别显著，2010 年共有高校3 600 所，学生人数达 520 万人，高校办学自主权增加。

同许多发展中国家一样，印度尼西亚教育存在的最大问题是总体投入仍然不足，长期达不到 4％ 的国际标准。虽然印度尼西亚政府大幅增加了教育的财政支出，但是无论是基础教育还是高等教育，都仍深受经费匮乏之苦。以高等教育为例，印度尼西亚 2012 年在这方面的支出约为 GDP的 1.2％，在东南亚各国中处于中低水平，远低于新加坡、马来西亚、泰国、越南、菲律宾等国。

经费投入不足影响了印度尼西亚各层级的教育，且使得各级学校的师资数量与素质都难以满足实际需求。印度尼西亚的教师分为编制内、合同聘用、临时代课三种。编制内教师享受公务员待遇，有国家统发的工资、补贴和地方政府的各类补助，但职位数量有限。合同聘用教师和临时代课教师都是编制外教师，收入偏低，对优秀人才缺乏吸引力，队伍极不稳定。中小学教师，特别是数学、科学和英语科目教师匮乏的情况虽不如20世纪80年代严重，但仍是阻碍基础教育发展的一大障碍。印度尼西亚政府致力于提高教师职业门槛，提升现有教师的素质。2005年，印度尼西亚当时的国民教育部[①]出台规定，要求所有教师均应取得教师资格证，同时加强了对教师的职业培训。

印度尼西亚多数学校的办学质量还处在较低水平。经济合作与发展组织有一个量化评估各国教育水平的"国际学生评价项目"，该项目针对处于义务教育阶段末期的15—16岁学生，主要考核学生的阅读、数学和科学能力三项指标。2015年的评估结果显示，印度尼西亚青少年的上述指标得分落后于全球均值，与东南亚发达国家新加坡相比差距达4年，且逊于同为发展中国家的越南。同时，印度尼西亚高校的科研教学水准、外籍教师与国际学生数量等都与国际平均水平有一段不小的距离。

此外，由于群岛众多、幅员广阔、地区发展不平衡，印度尼西亚距离实现教育公平还有很长的路要走。印度尼西亚公民受教育程度总体不高，例如，77%的工人仅受过小学教育；全国还有约7%的人口是文盲，男性和女性文盲率（分别为4%和10%）、城市和农村文盲率（分别为4%和10%）差别较大。

第二节　教育体系

印度尼西亚的教育体系庞大而多样，涵盖了约34万所教育机构，拥有超过6 000万名学生和近400万名教师，是仅次于中国、印度和美国的世界第四大教育体系。为了使本国公民能够充分享有宪法规定的受教育权，印度尼西亚政府在1989年颁布并于2003年修订的《国家教育体系法》中，设定了实施途径多样、结构完整、层次分明、类型齐全的教育体系，如图2.1所示。印度尼西亚这种纵横交错的教育体系结构呈现出一种相互

[①] 国民教育部为教育与文化部的前身。2021年4月，教育与文化部同研究技术部合并，组成教育、文化、研究和技术部。

依存互补的状态，能够满足庞大、不断增长、民族多样化、居住分散、社会经济地位差异较大的人口的受教育需求。

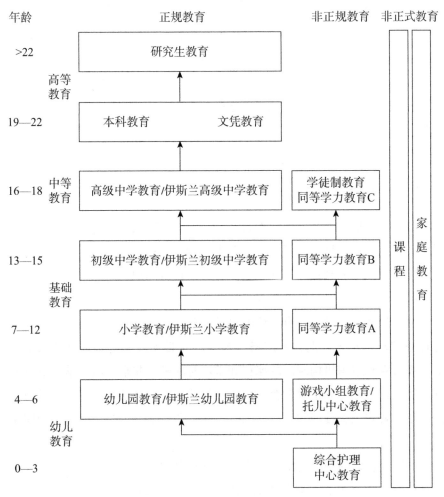

图 2.1　印度尼西亚教育体系
资料来源：《印度尼西亚统计简报（2021—2022 年）》。

一、教育的实施途径

《国家教育体系法》规定印度尼西亚的国家教育分为正规教育、非正规教育和非正式教育三种实施途径，且每一种实施途径均可通过面授教育或远程教育的模式来实现。

（一）正规教育

印度尼西亚的正规教育是各级各类正规学校提供的有结构、有层次的教育，包括幼儿教育（Early Childhood Education）、基础教育（Basic Education）、中等教育（Secondary Education）和高等教育（Higher Education）四个层次。[①] 印度尼西亚的正规教育由公立学校和私立学校共同提供，其中基础教育多由公立学校提供，高等教育则多由私立学校提供。

（二）非正规教育

尽管印度尼西亚政府关注教育公平，但是仍有大部分人无法接受正规教育，正规教育领域机会不均等情况十分严重。在这种情况下，非正规教育成为正规教育的替代和补充，为需要提高自身知识、能力、生活技能水平的印度尼西亚公民提供教育服务。

非正规教育对学习者有明确的要求和规范，具有结构性和梯次性的教育计划和教育水平，但并不严格要求学习者必须遵循这些计划和水平。非正规教育有组织机构制定的课程和学习时间表，非常灵活，学习者可以随时加入或离开。非正规教育涵盖所有年龄段，旨在开发学习者的潜力，注重学习者知识和技能的获取，同时也注重塑造学习者的个人性格和职业态度。

非正规教育的内容由组织者决定，具有多样性的特点，通常会首先满足社区的要求和利益，且没有任何限制。非正规教育涉及的领域非常广泛，一般包括生活技能、青年教育、妇女赋权教育、识字教育、同等学力教育、职业技能培训等。其中，最受欢迎的是同等学力教育和职业技能培训。

同等学力教育由印度尼西亚教育、文化、研究和技术部下属的同等学

---

① 印度尼西亚《国家教育体系法》对本国正规教育体系内的各层次有明确的表述，其基础教育仅包括小学阶段的教育和初中阶段的教育，中等教育则是高中阶段的教育，这与我国对各教育层次的表述有一定的差异。

力教育局负责管理。作为正规教育替代方案的同等学力教育，允许尚未进入正规教育体系的学习者获得正式学历资格。印度尼西亚将同等学力教育分为课程培训包A（Paket A）、课程培训包B（Paket B）和课程培训包C（Paket C）三个层次，旨在通过三个课程培训包满足无法接受正规教育的人群对基础教育、中等教育的需求，这类课程对偏远地区的人群来说尤为重要。

近年来，印度尼西亚政府积极利用非正规教育中的职业技能培训来解决青年失业问题，最典型的有社区学习活动中心提供的职业教育、职业培训中心提供的职业教育、以学徒制的方式开展的职业教育，具体情况将在第三章第二节详细阐述。

（三）非正式教育

印度尼西亚的非正式教育没有任何限制，所有正规教育和非正规教育未包括的学习方式都可以纳入非正式教育。在印度尼西亚，非正式教育主要以家庭教育、环境教育和自学形式为主。下文主要介绍由家庭和环境提供的非正式教育。

1. 家庭提供的非正式教育

家庭学校是印度尼西亚常见的一种由家庭提供的非正式教育。印度尼西亚原教育与文化部在2014年出台的第129号文件《家庭学校》对家庭学校做出详细的规定。根据该文件，家庭学校由学习者的父母或监护人设置在家中或其他非传统学校环境中，主要为不适宜接受学校教育的学习者提供个性化的教育，旨在最大限度地发挥每个学习者的潜能。印度尼西亚的家庭学校主要有三种类型：第一种是单一家庭学校，指一个家庭为其子女提供教育；第二种是多家庭学校，指两个或两个以上的多个家庭共同为他们的子女提供教育；第三种是社区家庭学校，指同一社区内的多个家庭共享课程和设施，共同为他们的子女提供教育。

由此可见，印度尼西亚的家庭学校强调了家庭在教育中的核心作用，父母或监护人在家庭学校中扮演了重要的教育角色，他们的直接参与有助于增强学习者与家庭之间的沟通和互动，同时也让父母或监护人更加深入地了解学习者的学习进度和需求。家庭学校能够根据每个学习者的特点、兴趣和需求，提供定制化的教育方案，有助于充分发挥其潜能。家庭学校不受传统学校的时间表和课程限制，能够根据学习者的学习进度和兴趣进行调整，提供更为灵活的教育方式。家庭学校不仅关注学术教育，还重视生活技能培养，以提高学习者的生活质量，帮助他们更好地适应社会和未来的生活。另外，多家庭学校和社区家庭学校的形式表明，家庭学校也鼓励家庭之间的合作与共享，通过共同组织课程和活动，形成教育上的互助和支持。

2. 环境提供的非正式教育

在印度尼西亚，不适宜接受学校教育的学习者还可以在日常生活环境、工作环境和社会环境中接受非正式教育。

日常生活环境中的非正式教育是指个人通过直接经验和与周围环境的互动接受的教育，例如儿童可以通过与同龄人一起玩耍、与父母一起学习烹饪或在餐桌上随意聊天来了解人生价值观。

工作场所是非正式教育的重要环境。工作环境中的非正式教育包括岗位培训、有经验的人提供的工作指导和支持等。在工作场所，个人可以通过与同事的互动、参加工作培训、执行工作任务等方式进行学习。

与他人的社会互动是由社会环境提供的一种非正式教育。通过社会互动进行非正式教育的具体形式有参加讨论组、辩论和在社区团体中学习。参加讨论组后，个人可以通过与他人分享想法、意见和知识来获得不同的观点，加深对特定主题的理解，并培养良好的沟通和论证技巧。辩论可以让个人看到多种观点，加深对复杂问题的理解，个人也可以通过辩论提高批判性思维能力、公开演讲技巧和捍卫自己观点的能力。加入志趣相投的社区团体是获得非正式教育的宝贵渠道，个人通过社区内的共享经验，可以从他人的经验中获得成长并扩展社交网络。

从以上内容可知，印度尼西亚的非正式教育对课程内容和级别没有明确的要求和管理，也没有明确的教育计划，对学习时间没有约束，对教育方法也没有明确的限制，对学习者的年龄没有要求，对教育工作者的资格和能力也没有任何要求。

根据《国家教育体系法》，印度尼西亚非正式教育的学习成果通过国家教育标准的评估后，可视为与正规教育和非正规教育相等的学习成果，也可以获得与正规教育中的基础教育和中等教育具有同等效力的毕业证书。

二、教育的层次结构 [①]

根据《国家教育体系法》，印度尼西亚教育体系由下至上划分为幼儿教育、基础教育、中等教育和高等教育四个教育层次。其中，幼儿教育、基础教育和中等教育的实施均涉及正规教育、非正规教育和非正式教育三种实施途径。

（一）幼儿教育

在印度尼西亚，幼儿教育是一个在小学教育之前的可选教育阶段，过去一般在家庭中进行，大多数印度尼西亚父母自己教孩子阅读、计数和写作等基本技能，然后直接送他们上小学。2010年以来，印度尼西亚政府认识到，幼儿早期的学习质量会直接影响他们进入小学后的学习情况，在减轻贫困和促进经济可持续增长方面有着重要作用。因此，印度尼西亚政府积极推动幼儿发展计划，十分重视发展幼儿教育，将健康、社会关怀、幼儿保育与教育结合在一起，帮助儿童获得身体、社会和智力上的发展。政府的推进和家庭的需求使印度尼西亚接受幼儿教育的人数迅速增加。

印度尼西亚的幼儿教育是指为0—6岁儿童提供的教育干预，旨在促进儿童身体和心理的成长和发展，为继续接受下一阶段的教育做好准备。印度尼西亚的幼儿教育不仅通过正规教育途径提供，也通过非正规教育和非正式教育途径提供，提供正规教育的幼儿教育机构包括接受4—6岁儿童的幼儿园（Taman Kanak–Kanak，TK）和伊斯兰幼儿园（Raudhatul Athfal，RA）；提供非正规教育的幼儿教育机构包括针对2—4岁儿童的游

---

① 资料来源于印度尼西亚《国家教育体系法》。

戏小组（Kelompok Bermain，KB）和托儿中心（Taman Penitipan Anak，TPA），以及为 6 岁以下儿童提供保健和护理服务的综合护理中心（Pos Pelayanan Terpadu，Posyandu）等；非正式的幼儿教育主要采取家庭教育或环境教育的形式。

（二）基础教育

印度尼西亚政府近二十年来实施了一系列改善基础教育的政策，使基础教育接近普及。但是，基础教育的公平性在印度尼西亚仍然是一个关键问题，主要表现在入学机会不均等、学习质量存在巨大差异等方面。印度尼西亚按照国家教育标准推动所有省和地区基础教育质量的改进。

印度尼西亚正规教育体系内的基础教育包括小学教育和初中教育在内共九年的教育。小学教育共 6 年，印度尼西亚法定入学年龄为 6 岁。所有学习者在结束小学教育时都要参加国家考试和心理测试，通过测试者能够继续升入初中。承担小学教育的机构主要有小学、伊斯兰小学和其他同等学力教育机构。初中教育是基础教育的第二阶段，共 3 年。学习者在 9 年级时要通过国家考试获得初中证书，从而完成这一阶段的教育，获得接受中等教育的资格。承担初中教育的机构主要有初中、伊斯兰初中和其他同等学力教育机构。

印度尼西亚正规教育体系内的基础教育由公立和私立学校共同提供，其中大部分的基础教育是由公立学校提供的，不过私立学校在印度尼西亚的基础教育中也发挥着关键作用。从 2020—2022 学年的统计数据来看，私立小学的比重正在增加，由 2020—2021 学年的 11.9% 增加到 2021—2022 学年的 12.3%；初中阶段的私立学校数量更多，占比由 2020—2021 学年的 41.7% 增加到 2021—2022 学年的 42.5%。

大多数伊斯兰小学和伊斯兰初中是私立的，2021—2022 学年私立伊斯兰小学在伊斯兰小学中的占比高达 93.6%，私立伊斯兰初中在伊斯兰初中中的占比则达到 91.9%。

2020—2022 学年印度尼西亚正规教育体系内的基础教育机构数量见表 2.1。

表2.1 2020—2022学年印度尼西亚正规教育
体系内的基础教育机构数量

学校类型	属性	2020—2021学年	2021—2022学年
小学/所	公立	131 058	130 711
	私立	17 685	18 281
	总计	148 743	148 992
伊斯兰小学/所	公立	1 710	1 682
	私立	24 118	24 504
	总计	25 828	26 186
初中/所	公立	23 670	23 797
	私立	16 927	17 605
	总计	40 597	41 402
伊斯兰初中/所	公立	1 525	1 525
	私立	16 834	17 318
	总计	18 359	18 843

资料来源：印度尼西亚教育、文化、研究和技术部网站。

另外，印度尼西亚的基础教育还有各种非正规和非正式的途径作为正规教育的补充，其中最典型的就是上文提到的课程培训包A和课程培训包B。课程培训包A相当于小学阶段的教育，学习者完成课程培训包A的学习后可以获得等同于小学程度的学历，凭此学历既可以继续学习课程培训包B的课程，也可以进入正规教育体系接受初中阶段的教育。课程培训包B相当于初中阶段的教育，学习者完成课程培训包B的学习后可获得等同于初中程度的学历，凭此学历既可以继续学习课程培训包C的课程，也可以进入正规教育体系接受高中阶段的教育。

（三）中等教育

印度尼西亚以多种途径开展中等教育，包括正规教育、非正规教育和非正式教育。中等教育是九年基础教育的延续，正规的中等教育包括普通高中教育和职业高中教育，学制三年。普通高中教育是为学生继续进入大学、学院、理工学院等高等院校深造做准备的教育阶段。普通高中教育第一年（10 年级）的课程重点是通识知识的学习，到了第二年和第三年（11 年级和 12 年级），学生可以在自然科学、社会科学、语言和宗教研究四个课程中选择一个作为自己的学习方向。职业高中教育提供职业教育和培训，为学生进入职场做好准备。在完成中等教育之后，通过最终的国家考试者将获得国家中等教育证书。

中等教育实施机构包括普通高中和伊斯兰普通高中、职业高中和伊斯兰职业高中，以及其他同等学力教育机构。印度尼西亚的中等教育由公立机构和私立机构共同提供。在中等教育阶段，私立学校所占比例更大。从 2020—2021 学年和 2021—2022 学年的统计来看，印度尼西亚私立高中占比已经超过 60%，而私立的伊斯兰高中占比则已经超过 90%。可见，由于印度尼西亚中等教育已超出义务教育的范围，所以国家公立学校的比例远远低于义务教育阶段，尤其是伊斯兰高中，基本上依靠私立机构办学。2020—2022 学年印度尼西亚中等教育机构数量见表 2.2。

表 2.2　2020—2022 学年印度尼西亚主要的中等教育机构数量

类型	属性	2020—2021 学年	2021—2022 学年
高中 / 所	公立	10 528	10 609
	私立	17 415	17 597
	总计	27 943	28 206
伊斯兰高中 / 所	公立	810	807
	私立	8 335	8 726
	总计	9 145	9 533

资料来源：印度尼西亚教育、文化、研究和技术部网站。

注：表中的"高中"包括普通高中和职业高中，"伊斯兰高中"包括伊斯兰普通高中和伊斯兰职业高中。

印度尼西亚的中等教育同样存在各种非正规和非正式的途径作为正规教育的补充，其中最典型的就是上文提到的课程培训包C。课程培训包C相当于高中阶段的教育，学习者完成课程培训包C的学习后可获得等同于高级中学程度的学历，凭此学历即可进入正规教育体系接受高等教育。

（四）高等教育

印度尼西亚的高等教育是中等教育之上更高一级的教育，是中等教育的延续，是教育的最后阶段，具有体系开放和制度灵活的特点。印度尼西亚的正规教育体系中的高等教育分为学术教育和高等职业教育两种类型。

学术教育是指以掌握科学技术和开展科学研究为主要方向的高等教育，主要包括本科层次的学士教育（S1），以及研究生层次的硕士教育（S2）和博士教育（S3）。本科层次的学士教育是完成中等教育或相当于中等教育层次的同等学力教育之后可以接受的科学知识和技术教育，为受教育者接受更高一级的硕士教育或就业做准备。硕士教育是针对具备本科学历或本科同等学力者进行的学术教育，在这个教育阶段，受教育者可以进行科学研究并实施技术开发。博士教育是以硕士毕业生或具备同等学力者为对象的学术教育，在博士教育阶段，受教育者可以从事比硕士教育阶段更高深的科学研究与实践。

高等职业教育以提供应用技能教育为主要方向，包括文凭教育、初级专家教育和高级专家教育。文凭教育主要是针对中等教育毕业生或具备同等学力者实施的科学及应用技术领域的教育，按等级可分为一类大专（D1）、二类大专（D2）、三类大专（D3）和四类大专（D4）。其中，三类大专相当于三年制大专文凭，四类大专等同于四年制本科文凭，授予应用科学学士学位。初级专家教育是针对本科毕业并具有学士学位者或具备同等学力者实施的高等职业教育，主要培养技术过硬或应用能力强的专家。从教育层次上看，初级专家教育等同于硕士教育，可授予应用科学硕士学位。高级专家教育是对具有硕士学位或同等学力者实施的高等职业教育，主要培养能够独立从事科学技术研究和技术应用的专家。从教育层次上看，高级专家教育等同于博士教育，可授予应用科学博士学位。

从总体上看，根据生源的类型和学业水平情况，印度尼西亚高等教育确立了多层次办学体制和分阶段培养人才的模式。上述各个高等教育类型均包括学位教学计划、非学位教学计划、证书教学计划等。其中，学位教学计划主要培养的是高级人才和研究人才，分为专科教育阶段、本科教育阶段和研究生教育阶段。在专科教育阶段和本科教育阶段，学生修满110—120学分即可获得准学士学位，准学士教育的目的是培养中级人才和筛选高级人才。在准学士的基础上继续取得学分，修满140—160学分可以获得学士学位，获得学士学位的毕业生可以进入研究生教育阶段攻读硕士学位和博士学位。硕士层次的教育主要培养较高级的专业人员，为高等教育提供师资力量，要获得硕士学位必须修满180—190学分。博士层次的教育是为了培养更高层次的专门人才和高等教育的师资，要获得博士学位必须修满228—233学分。目前，印度尼西亚能提供硕士教育和博士教育的高等院校并不多，只有少数师资力量雄厚、教学组织管理先进、与国家或地区的建设和发展紧密结合的院校具备培养硕士和博士的条件。

高等院校是印度尼西亚高等教育的实施机构，同时也是科研和社会服务性的机构。印度尼西亚的高等院校大致分为大学（Universitas）、研究所（Institut）、专业学院（Sekolah Tinggi）、理工学院（Politeknik）、学院（Akademi）和社区学院（Akademi Komunitas）等几种类型。大学可以提供若干学科的学术教育和专家教育；研究所一般提供同一类专业领域的学科学术教育和专家教育；专业学院可以提供特定学科领域的学术教育和专家教育；理工学院开展各种具体技术领域的科学教育；学院是指仅在一个领域内提供教学的高等教育机构，它仅提供某个学科、某种技术的应用教育；社区学院是指基于区域优势开展特定科学技术领域职业教育的机构。

根据印度尼西亚政府的统计，2020—2022年，教育、文化、研究和技术部下属的高等教育机构数量呈逐年下降态势，但是教师和学生人数却在逐年上升。从2022年的统计结果看，私立高等教育机构占高等教育机构总数的96%，私立高等教育机构教师占教师总人数的68.2%，私立高等教育机构学生人数占学生总人数的57.1%，师生比为1∶24.47。然而公立高等教育机构的师生比却是1∶39.48，这表明，印度尼西亚高等教育资源相对不足，尤其是公立高等教育机构的教师数量严重不足。2020—2022年印度尼西亚教育、文化、研究和技术部所属高等教育机构情况见表 2.3。

**表 2.3　2020—2022 年印度尼西亚教育、文化、
研究和技术部所属高等教育机构情况**

类别	属性	2020 年	2021 年	2022 年
机构数量/所	公立	122	125	125
	私立	3 044	2 990	2 982
	总计	3 166	3 115	3 107
教师人数/人	公立	80 653	82 608	85 612
	私立	182 901	182 844	183 713
	总计	263 554	265 452	269 325
学生人数/人	公立	2 994 015	3 205 606	3 379 828
	私立	4 374 994	4 459 910	4 495 453
	总计	7 369 009	7 665 516	7 875 281

资料来源：印度尼西亚教育、文化、研究和技术部网站。

三、教育的类型

《国家教育体系法》规定，印度尼西亚的教育分为普通教育、中等职业教育、学术教育、专业教育、高等职业教育、宗教教育和特殊教育等几种类型。

普通教育是高等教育阶段之前扩展所需知识的教育，例如小学、初中和高中阶段的教育。

中等职业教育旨在使学生在毕业后立即为工作做好准备，例如职业高中阶段的教育。

学术教育是旨在使学生掌握某些学科的教育，例如大学或同等学力教育机构提供的教育。

专业教育是本科之后的继续教育，旨在使学生成为一个专业领域的专

业人士，例如医生、会计师等。

高等职业教育旨在使学生为需要满足某些技能要求的工作做准备，例如 D1—D4 的教育。

宗教教育由政府或属于同一宗教的群体根据现行法律提供。宗教教育的作用是使学习者成为了解和实践宗教价值观、获得宗教研究专业知识的社区成员。

特殊教育是为那些因身体、情感、心理和社会因素而难以遵循学习过程的学习者，以及那些具有智力天赋的学习者提供的教育服务。特殊教育同时也是为偏远地区和欠发达地区的学习者、遭受自然灾害地区的学习者、有一定社会缺陷和经济弱势的学习者提供的教育服务。

第三节　教育管理

印度尼西亚为了保障教育协调发展，建立了一套比较完备的教育管理体制，实现了从中央到地方的分层管理，确立了国家教育标准，保障了国民教育质量。此外，印度尼西亚还对各级各类的教育课程、教学语言和教育经费保障做出明确规定。

一、管理体制

印度尼西亚实行国家宏观指导、省级政府协调、县（市）级政府具体负责的分级管理体制。

在国家层面，由印度尼西亚教育、文化、研究和技术部负责全国的教育宏观指导。2021 年 4 月 9 日，原教育与文化部同研究技术部合并，组成教育、文化、研究和技术部，负责管理印度尼西亚的教育、文化、研究及技术事务。

印度尼西亚教育、文化、研究和技术部下辖的常设组织机构包括：总秘书处，幼儿教育、基础教育和中等教育局，职业教育总局，高等教育、研究和技术总局，教师和教育人员总局，文化总局，教育标准、课程与评估局，语言发展局，同等学力教育局等。该部的主要教育管理职责包括：制定国家教育标准，规定各级各类教育课程的内容，认证各级各类教育，管理教师教育、教师专业发展和教师的区域流动，颁发私立大学办学许可和外国组织办学许可，管理高等教育等。

在地方层面，主要由省级政府和县（市）级政府负责落实国家教育政策，管理辖区内的教育事务。省级政府主要负责正规教育体系中的中等教育和特殊教育的管理，发放中等教育和特殊教育许可，制定本省正规教育体系中的中等教育和特殊教育的课程内容，负责与本省相关的教师流动等。县（市）级政府主要管理正规教育体系中的幼儿教育、基础教育和非正规教育，发放本地区正规教育体系中的幼儿教育、基础教育和非正规教育许可，制定本地区正规教育体系中的幼儿教育、基础教育和非正规教育的课程内容，负责与本县（市）相关的教师流动。

此外，印度尼西亚的宗教教育由宗教事务部管理。印度尼西亚的幼儿教育、基础教育、中等教育和高等教育均包括由伊斯兰学校提供的宗教教育。

二、国家教育标准

印度尼西亚政府重视教育质量的持续提升。2005 年发布的第 19 号法案规定了印度尼西亚的国家教育标准，但该标准已无法满足印度尼西亚教育发展的需求，于是在 2021 年发布了最新的国家教育标准，主要明确了八项内容（毕业生能力标准、内容标准、学习过程标准、教育评估标准、基础设施标准、教师标准、管理标准和财务标准）。国家教育标准是印度尼西亚制定课程、培养教育人员、提供设备和设施、管理资金的指南。印度尼西亚的国家教育标准包括一个最低服务标准和一个全面的质量改进理想框架。

三、课程

进入 21 世纪以来，为了应对经济和产业的新变化，印度尼西亚政府开始探索培育人力资源新途径，学校教育课程改革是其中十分重要的一环。印度尼西亚于 2013 年开始实施新的教育课程，即"2013 年课程"（Kurikulum 2013）。2013 年课程是一次基于标准的课程改革，将国家教育标准作为最低要求，通过执行学习过程标准、毕业生能力标准、教师标准和教育评估标准等培养合格公民。2013 年课程强调认知、情感、独立思考和判断，改变了过去机械记忆的学习方式，通过广泛的学习体验发展受教育者的行为能力、知识能力和技术能力。

（一）课程的含义

印度尼西亚《国家教育体系法》规定，课程是一套关于学习目的、内容和材料的计划和条例，以及一套为维持学习活动以实现某些教育目标的方法指南。基于这种理解，印度尼西亚的课程有两个维度，第一个维度是关于学习目的、内容和材料的计划和设置，第二个维度是关于学习活动的方式。为了整合课程的这两个维度，印度尼西亚当时的教育与文化部（现教育、文化、研究和技术部）在 2013—2014 学年开始实施 2013 年课程。

（二）2013 年课程的特点

从法制层面看，2013 年课程的开发是具有法治保障的开发。1945 年《宪法》、2003 年第 20 号法案《国家教育体系法》、2005 年第 19 号法案《国家教育标准》、2006 年第 22 号条例《内容标准》、2006 年第 23 号条例《毕业生能力标准》、2010 年印度尼西亚总统令《关于品格教育、主动学习和创业教育》等，都为 2013 年课程开发提供了法律基础。

从哲学视角看，2013 年课程开发体现出对生命的过去、现在和未来三个维度的关照。2013 年课程通过对过去的解释和传承，形成现在和未来发展的基础。具体而言，2013 年课程考虑到本国地理条件的复杂性和种族的多样性，以及国家发展潜力等多方面因素，注重对民族历史和民族价值观的传承，并把民族历史和民族价值观作为个人生命发展和国家建设的根基，以促进个人与国家的可持续发展。

从教育期望的方向看，印度尼西亚将2013年课程视为改变学习者行为的工具，并在开发过程中对改变后的学习者行为做出假设。也就是说，2013年课程具有预设的课程目标，这个目标就是将受教育者培养成高尚、健康、知识渊博、独立、有创造力、民主、负责任的公民。

从文化环境角度看，2013年课程观照了社区环境和社区文化。社区是受教育者学习、生活和工作的主要环境，受教育者同时也是社区生活的主导者。2013年课程考虑到受教育者与社区这种密不可分的关系，将社区文化融入课程内容，帮助受教育者更好地实现与社区的交流，促进受教育者的社会化。同时，2013年课程要求学校不仅要做好教育机构，同时还要担负社会机构的职责，支持并指导社会非正规教育和非正式教育。在此过程中，学校课程的准备和实施能够进一步地满足社会的需要，经受社会变化的挑战。

（三）2013年课程的结构

2013年课程适用于基础教育和中等教育两个阶段，是基于能力培养的课程，强调培养受教育者在态度、技能和知识方面的能力。2013年课程包括核心能力、基本能力、课程科目和学时分配四个部分。

核心能力是各级学校各年级的受教育者应达到的本年级要求的标准能力。核心能力是基本能力的组织要素，是基本能力形成纵向组织和横向组织的纽带，主要包括与国民教育目的相关的精神态度领域、社会态度领域、知识领域和技能领域。

基本能力是指受教育者按规定学时完成规定课程科目的学习后达到的指向核心能力的能力水平，它包括精神基本能力、社会态度基本能力、知识基本能力和技能基本能力。受教育者通过学习多个课程科目，获得各种基本能力，并形成纵向组织和横向组织。基本能力的纵向组织体现出受教育者的能力由低到高的积累，其横向组织则是一种基本能力和其他基本能力之间的联系，体现出受教育者的能力由弱到强的过程。

课程科目的设置通常以核心能力为基础，同时考虑各级各类学校的办学定位、教学资源、师资力量和学生群体等方面的因素。根据2013年课程的相关规定，基础教育和中等教育中的普通教育课程主要分为A组和B

组两组。A 组课程目标在于培养受教育者在社会生活和国家建设过程中必备的态度、知识和技能，B 组课程旨在培养受教育者在健康、文化和艺术领域的态度、知识和能力。中等职业教育课程除了 A 组和 B 组之外，还包括 C 组，即职业教育类的专业课程。

学时分配是指受教育者在一周、一学期和一年的学习中要完成的学时量，以及各个课程科目在每周教学中分配到的学时量。2013 年课程规定每学时为 45 分钟，以小学教育为例，印度尼西亚小学各年级每周课时分别为：1 年级每周 30 学时，2 年级每周 32 学时，3 年级每周 34 学时，4—6 年级每周均 36 学时。1—5 年级每学年均为 36 个教学周，6 年级在第 1 学期至少有 18 个教学周，在第 2 学期至少有 14 个教学周。根据 2013 年课程的规定，印度尼西亚小学开设的主要课程科目及每周学时的分配见表 2.4。

表 2.4 2013 年课程规定的印度尼西亚小学教育课程科目及每周学时分配

序号	课程科目	1 年级	2 年级	3 年级	4 年级	5 年级	6 年级
A 组							
1	宗教教育与道德	4	4	4	4	4	4
2	公民教育	5	5	6	5	5	5
3	印尼语	8	9	10	7	7	7
4	数学	5	6	6	6	6	6
5	自然科学	—	—	—	3	3	3
6	社会科学	—	—	—	3	3	3
B 组							
7	文化艺术与实践	4	4	4	4	4	4
8	体育与健康	4	4	4	4	4	4
	总计	30	32	34	36	36	36

资料来源：Undang–unang Republic Indonesia Nomor 57 tahum 2014 tentang kurikulum 2013 Sekolah Dassar/Madrasah.

四、教学语言

印度尼西亚的教学语言主要是印尼语，这是印度尼西亚的官方语言，也是全国范围内的通用语言。印尼语在印度尼西亚的教育体系中占据重要地位，从小学到大学，印尼语都是重要的教学科目。此外，由于印度尼西亚是一个多民族、多语言的国家，许多学校还使用地方语言或外语进行教学，但印尼语在教学中的主导地位是不可动摇的。

首先，宪法和《国家教育体系法》都明确了印尼语作为官方语言和教学语言的地位，强调了印尼语在促进国家统一、民族团结和文化交流方面的重要作用，并要求各级教育机构必须使用印尼语作为教学语言。

其次，《国家教育体系法》还规定，在幼儿的早期教育阶段和传授特定知识技能时可以使用地方语言作为教学语言。这一规定考虑到了幼儿认知和语言发展的特点，体现了对地方语言和文化的尊重，同时也考虑到了地方社区的实际需求。然而，这并不意味着地方语言能够取代印尼语成为主要教学语言，地方语言仅可作为某些特定情境下的补充。

此外，外语可以作为教学语言来支持学习者的能力发展。这表明除了印尼语之外，外语在印度尼西亚的教育体系中也扮演着重要角色。尤其对于一些大学、研究院和国际教育机构来说，使用外语教学可以使学生获得更广泛的国际视野和语言技能、与国际学术界进行更紧密的联系，有助于他们在全球化时代更好地融入国际社会。

五、教育经费

印度尼西亚的宪法和《国家教育体系法》都从法律的层面对教育经费的来源、管理和分配做出规定，以确保教育经费具有稳定的来源和合理的分配，这对促进教育公平、提高教育经费的使用效率、推动教育的改革和发展起到了重要作用。

首先在教育经费来源方面，《国家教育体系法》规定教育预算在国家预算中至少占20%，为了在公平、充足和可持续的原则下确保教育财政具有稳定的来源，印度尼西亚中央政府、地方政府和社区共同承担教育预算。例如，印度尼西亚 2024 年的教育预算为 660.9 万亿印尼盾，其中中央政府承担 237.3 万亿印尼盾、地方政府承担 346.6 万亿印尼盾、社会其他投资方承担 77.0 万亿印尼盾。印度尼西亚 2024 年的教育预算占当年国家整体财政预算的 20%。[①]

其次在教育经费管理方面，印度尼西亚基于公平、效率、透明和问责的原则，致力于实现教育经费的公平分配，特别是关注不发达地区、最边远地区和边境地区的教育经费需求，努力缩小不同地区之间的教育差距。印度尼西亚政府还加大对教育机构的投资，以提高教育系统的整体效率，包括支持扩大奖学金计划、加强世界一流大学的建设以及发展研究与创新，从而确保教育经费得到最有效的利用。印度尼西亚政府在教育经费的管理上注重透明度，确保公众对教育经费的使用情况有清晰的了解，通过公开预算、支出和审计结果，增强公众对教育财政管理的信任。印度尼西亚政府还通过制定严格的监管机制和问责制度，对违规使用教育经费的行为进行查处和纠正，以确保教育财政管理的规范性和有效性。

最后在教育经费分配方面，印度尼西亚政府会根据教育政策、学校需求、学生人数等因素，制定具体的分配计划。这些计划旨在确保教育经费得到公平分配，进而提高教育质量，并促进教育公平。同时，政府也会加强监管和评估，确保经费使用合规。

---

① 数据来源于印度尼西亚教育、文化、研究和技术部网站。

第三章

职业教育体系

印度尼西亚是一个中等收入国家，鉴于职业教育对支持经济可持续发展和促进就业的重要作用，该国政府面对发展职业教育的机遇和挑战，逐步形成了较具影响力和较为协调的职业教育体系。印度尼西亚的职业教育体系实施途径多元、层次分明，包括正规职业教育、非正规职业教育和非正式职业教育，涉及中等职业教育和高等职业教育。

印度尼西亚的职业教育体系，不仅在正规职业教育内实现了普通教育与职业教育的纵向融通和横向融合，而且还实现了非正规职业教育向正规职业教育的转换。印度尼西亚教育体系中的职业教育如图 3.1 所示。

第一节　正规职业教育

在印度尼西亚，正规职业教育是由正规的职业学校提供的有层次、有结构、有组织且有一定的入学条件和毕业标准的职业教育，属于学历教育。

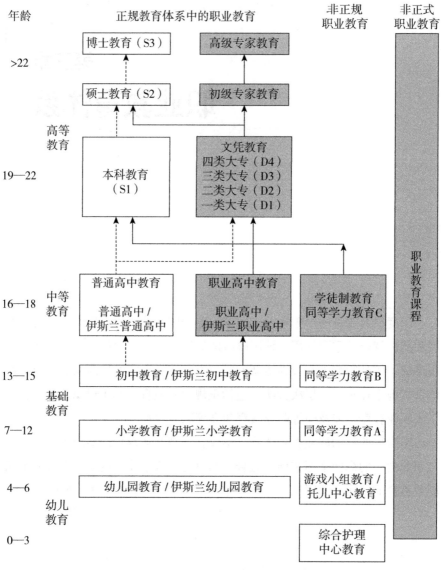

图 3.1 印度尼西亚教育体系中的职业教育

资料来源：印度尼西亚教育统计简报（2021—2022 年），东南亚职业教育网。

注：本图含普通教育，以展现职业教育在印度尼西亚教育体系中的位置。

一、中等职业教育

印度尼西亚正规教育体系中的中等职业教育开始于高中阶段，主要由职业高中（Sekolah Menengah Kejuruan，SMK）和伊斯兰职业高中（Madrasah Aliyah Kejuruan，MAK）提供。职业高中和伊斯兰职业高中招收初中毕业生或具有初中程度同等学力的学生，注重培养信息和通信技术、健康艺术、手工艺、旅游业、农业商业技术、商业和管理等领域的专业技能。职业高中①又分为公立职业高中（SMK Negeri）和私立职业高中（SMK Swasta）。截至 2022 年，印度尼西亚共有 14 199 所职业高中，其中 3 664 所为公立职业高中，10 535 所为私立职业高中。②

印度尼西亚的职业高中一般提供三年制课程，毕业生不仅能够获得高中毕业证书，而且还能够获得中等水平的职业资格。职业高中的毕业生可以选择直接进入劳动力市场，也可以选择继续接受高等教育。另外，印度尼西亚也有一些职业高中的课程延长到四年（SMK Plus），完成四年课程的毕业生可以获得一类大专证书。在校期间除了完成规定的课程，职业高中的学生还被鼓励学习行业技能证书课程，以提高自身的就业技能。

据统计，2022—2023 学年，印度尼西亚共有 5 054 500 名学生正在接受正规的职业教育，其中公立职业高中在校生 2 382 074 名，私立职业高中在校生 2 672 426 名；男性职业高中在校生有 2 909 341 名，女性职业高中在校生有 2 145 159 名；从年龄上看，有 950 593 名不满 16 周岁，3 858 791 名满 16 周岁但未满 18 周岁，245 116 名已满 18 周岁。在 2022—2023 学年，印度尼西亚职业高中共招收新生 1 645 237 名，有 12 404 名学生辍学，有 1 715 449 名学生完成学业并获得毕业证书。③

2021—2023 年，印度尼西亚职业高中毕业生总人数持续上升，其中私立职业高中毕业生人数有一定的波动，公立职业高中毕业生人数呈现出逐年上升的状态。2021—2023 年印度尼西亚职业高中毕业生人数见表 3.1。

---

① 为表述方便，本书后文的"职业高中"均包括普通的职业高中（SMK）和伊斯兰职业高中（MAK）。
② KEMENDIKBUDRISTEK. Statistik Sekolah Menengah Kejuruan 2022—2023［R］. Jakarta：Setjen，Kendikbudristek，2023.
③ 同②。

表 3.1　2021—2023 年印度尼西亚职业高中毕业生人数

年份	公立职业高中 / 人	私立职业高中 / 人	总计 / 人
2021	694 991	929 169	1 624 160
2022	748 353	957 295	1 705 648
2023	781 843	933 606	1 715 499

资料来源：KEMENDIKBUDRISTEK. Statistik Sekolah Menengah Kejuruan 2022—2023［R］. Jakarta：Setjen，Kendikbudristek，2023.

从印度尼西亚中等职业教育教师数量上看，截至 2022—2023 学年，印度尼西亚共有 337 276 名中等职业教育教师，其中公立学校教师占 49.4％，私立学校教师占 50.6％。从职位性质看，校长有 13 113 人，全职教师有 209 311 人，兼职教师有 114 852 人。私立职业高中的全职教师占私立中等职业教育教师总人数的 76.4％，而公立职业高中的全职教师人数仅占教师总人数的 47.4％，明显低于私立职业高中。2022—2023 学年印度尼西亚中等职业教育教师人数见表 3.2。

表 3.2　2022—2023 学年印度尼西亚中等职业教育教师人数

职位性质	公立学校	私立学校	总计 / 人
校长 / 人	3 452	9 661	13 113
全职教师 / 人	78 876	130 435	209 311
兼职教师 / 人	84 149	30 703	114 852
总计 / 人	166 477	170 799	337 276

资料来源：KEMENDIKBUDRISTEK. Statistik Sekolah Menengah Kejuruan 2022—2023［R］. Jakarta：Setjen，Kendikbudristek，2023.

印度尼西亚职业高中配备了校舍。从 2022—2023 学年的统计看，印度尼西亚职业高中共有教室 187 937 间，69.1％ 使用状态良好，1.9％ 严重破损，公立职业高中教室占 38.5％，私立职业高中教室占 61.5％；共有图书馆 13 113 间，64.1％ 使用状态良好，3.6％ 严重破损，公立职业高中图书馆占 27.2%，私立职业高中图书馆占 72.8%；共有实验室 25 209 间，69.0% 使用状态良好，2.3% 严重破损，公立职业高中实验室占 35.6%，私立职业高中实验室占 64.4%。2022—2023 学年印度尼西亚职业高中教室、图书馆和实验室的数量及状态见表 3.3。

表 3.3　2022—2023 学年印度尼西亚职业高中教室、图书馆和实验室的数量及状态

类别		良好	轻度破损	中度破损	严重破损	总计
教室/间	公立	49 998	15 212	5 161	1 898	72 269
	私立	79 901	27 854	6 222	1 691	115 668
	总计	129 899	43 066	11 383	3 589	187 937
图书馆/间	公立	2 309	769	333	159	3 570
	私立	6 095	2 405	727	316	9 543
	总计	8 404	3 174	1 060	475	13 113
实验室/间	公立	6 223	1 877	589	289	8 978
	私立	11 171	3 837	933	290	16 231
	总计	17 394	5 714	1 522	579	25 209

资料来源：KEMENDIKBUDRISTEK. Statistik Sekolah Menengah Kejuruan 2022—2023［R］. Jakarta：Setjen，Kendikbudristek，2023.

　　由以上数据可以看出，印度尼西亚中等职业教育资源主要集中在私立学校。私立职业高中有强大、稳定的教师队伍，有相对良好的教学设施，大部分职业高中的毕业生毕业于私立学校。

二、高等职业教育

　　印度尼西亚大多数的高等教育机构会开展不同层次的职业教育。前文提到，印度尼西亚的高等职业教育主要是指文凭教育、初级专家教育和高级专家教育，下文将从这三个层次对印度尼西亚高等职业教育作简要介绍。

（一）文凭教育

文凭教育是印度尼西亚高等职业教育的第一个层次，是为中等教育毕业生或具备同等学力者提供的科学及应用技术领域的高等职业教育。这里所说的中等教育毕业生，既可以是职业高中的毕业生，也可以是普通高中的毕业生。受教育者接受的文凭教育可以分为一类大专（D1）、二类大专（D2）、三类大专（D3）和四类大专（D4）。

一类大专的学习期限为1年或2个学期，需要修满32学分，最终毕业的要求是通过实践考核并提交结业论文或报告。一类大专比较适合已有工作目标但缺乏工作技能的学习者，可以帮助学习者快速掌握所需的工作技能，获得初级专家（Ahli Pratama）的资格，让学习者有望就职于目标工作领域。

二类大专的学习期限为2年或4个学期，需要修满64学分。同一类大专一样，二类大专最终毕业的要求也是通过实践考核并提交结业论文或报告。不同的是，二类大专要求学习者掌握更多的实践技能，毕业生可以获得青年专家（Ahli Muda）资格，有望就职于相关工作领域。

与前两个级别的文凭教育相比，印度尼西亚人通常更愿意选择相当于三年制专科水平的三类大专。三类大专的学习期限一般为3年或6个学期，需要修满112学分。三类大专最终毕业的要求和一类大专、二类大专一样，需要通过实践考核并提交结业论文或报告。三类大专毕业生可以获得中级专家（Ahli Madya）资格，能够直接进入相关工作领域工作。

四类大专教育等同于四年制本科学士学位教育，通常也被称为应用科学学士学位教育。要完成四类大专教育，学习者要在4年或8个学期内修满144学分。与本科学士学位不同的是，四类大专的学习内容是应用科学或实用技术。四类大专最终毕业的要求和其他级别的文凭教育一样，都需要通过实践考核并提交结业论文或报告。四类大专毕业生可以获得应用科学学士学位，之后既可以选择接受更高一级的应用科学硕士教育，也可以选择接受学术教育领域的硕士教育。

（二）初级专家教育

初级专家教育是继四类大专或本科之后的职业教育，与硕士教育属于同一教育层次。学习者既可以是拥有应用科学学士学位的四类大专毕业生，也可以是拥有学士学位的四年制本科毕业生，他们必须在 4 年之内修满 36 学分，可获得应用科学硕士学位。此后，如果继续接受教育，既可以选择接受高级专家教育，也可以选择接受学术教育领域的博士教育。

（三）高级专家教育

高级专家教育是相当于博士教育水平的职业教育，也可以称为应用科学博士学位教育。学习者必须具备应用科学硕士学位或硕士学位，要学习至少 42 学分的课程，学习期限至少为 3 个学年或 6 个学期，最多为 7 个学年或 14 个学期。要获得应用科学博士学位，学习者必须有能力进行科学推理和研究，实现创新创造，促进科学发展和技术应用。

综上，印度尼西亚已经形成较为完备的正规职业教育体系。在该职业教育体系内，中等职业教育与高等职业教育协调发展，呈现出各个级别职业教育纵向的衔接和贯通，既满足了印度尼西亚职业教育学习者对不同级别职业教育的需求，也满足了印度尼西亚劳动力市场对各种级别技术人才的需求。此外，印度尼西亚的正规职业教育实现了与普通教育的融通，学习者在进入高一级别教育阶段时，可以根据自己的实际情况选择继续接受职业教育，或者选择进入普通教育的轨道。

第二节　非正规职业教育

在印度尼西亚，提供非正规职业教育是为了通过传授学术知识以及专业和个人发展所需的技能来开发学习者的潜力。印度尼西亚教育、文化、研究和技术部规定，可向无法接受正规职业教育的人提供非正规职业教育，作为在职业高中等正规职业教育机构内接受教育以外的职业教育计划。在印度尼西亚，最典型的非正规职业教育有：社区学习活动中心提供的职业教育、职业培训中心提供的职业教育、以学徒制的方式开展的职业教育。非正规职业教育属于同等学力教育 C 的阶段，与普通高中和职业高中是同一等级的教育。非正规职业教育的学习者如果获得同等学力教育 C 要求的学习成果，可以同正规教育体系中的中等教育学习者一样，进入高等教育阶段学习。

一、社区学习活动中心提供的职业教育

社区学习活动中心面向那些无法获得正规教育的社会经济弱势群体开展职业教育，包括部分生活在偏远、贫穷、落后、得不到国家教育扶持地区的儿童、少数民族和被社会孤立的人群。社区学习活动中心为这些人提供从童年开始的终身学习计划，成功完成社区学习活动中心课程的毕业生，既可以找工作加入劳动力大军，也可以像正规教育体系的毕业生一样继续深造。

社区学习活动中心提供的是正规教育之外的社区教育。社区学习活动中心没有对学习者年龄的限制，旨在通过非正规教育计划为公民提供教育资源和终身学习课程，帮助他们获得生活和工作的技能。社区学习活动中心是发展学习型社会的必要组织，归社区所有和管理。社区学习活动中心能增加公民的独立性和创新性，帮助他们改善生活。

社区学习活动中心良好的管理制度，保证了其教育计划的有效性和可持续性。印度尼西亚的社区学习活动中心不仅是所有社区成员进行沟通和协调的场所，而且还是社区成员与政府、国家机构，甚至与国际组织进行交流的纽带。社区学习活动中心根据本社区的价值观和规范举办各种对本社区有益的学习活动和非学习活动，这些活动向社区居民提供学习技能和实现技能转型的机会，帮助社区成员实现减贫、获得人生的价值，最终形成一个充满活力的创造性和生产性的社区。印度尼西亚社区学习活动中心举办的活动及其作用如图 3.2 所示。

社区学习活动中心需要制定基础教育框架、课程和日历、学习过程标

准和认可标准。其中，学习过程标准包括规划、实施学习、评估学习成果和监督学习计划，认可标准即对毕业生资格进行评估认证的标准。

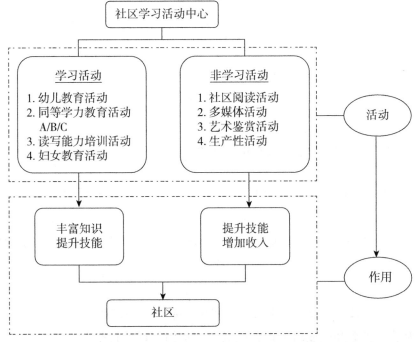

图3.2　印度尼西亚社区学习活动中心举办的活动及其作用

资料来源：社区学习活动中心的管理标准和程序。

设立社区学习活动中心的目的是探索、开发和利用社区自身的所有潜在的教育资源和设施，通过非正规职业教育实现社区减贫，以发展原则在教育领域实现民主。社区学习活动中心有三个主要目标：赋予社区居民独立的能力，在社会和经济方面提高社区居民的生活质量，提高社区居民对社区中发生的问题的敏感性。

社区学习活动中心的成立有望使教育服务过程更加紧密，特别是在学习过程中结合各种需求解决社区自身出现的问题。社区学习活动中心具备以下几个基本特征：第一，社区学习活动中心是构建学习型社会的重要场所，居民在社区学习活动中心能根据自己的需要获得各种知识和技能，进而有能力提高其生活质量和工作质量；第二，社区学习活动中心是一个学习交流场所，具有交流各种信息、知识和技能的功能，能够让居民在职业技能学习上获得各种经验的交流，因此每个参加学习计划的居民都很可能为其他人甚至整个社区提供学习资源；第三，社区学习活动中心还是知识和信息中心，是社区的图书馆，发挥着信息库的作用，可汇集或存储各种知识和技能的信息，然后分发给有需要的社区或居民。此外，社区学习活动中心可以通过研究、评估和模型开发，以创新的方式发挥知识和技能开发者的作用。

二、职业培训中心提供的职业教育

印度尼西亚的职业培训中心是为培养具备劳动知识和经验的人才而实施非正规职业教育的机构。职业培训中心的主要目标是为贫困人群，尤其是为辍学者提供技能培训，使他们具备接受正规教育或在正规部门工作的能力。此外，职业培训中心也为正式工人和非正式工人提供就业安置服务。

根据2012年印度尼西亚劳动力和移民部[①]第7号规定，职业培训中心是为学习者举办职业培训课程的场所，承担培训项目举办、培训项目考试、劳动力能力测试及培训机构授权等任务。这些任务具体包括：制定、评价及报告培训计划、项目及预算；组织实施劳动培训；组织实施培训项目考试及劳动力能力测试；进行职业训练项目市场营销制定，执行机构合作计划，撰写报告书；执行行政及家庭事务等。由此看来，职业培训中心不仅是经过认证的职业教育机构，还是专业性的认证机构。

当今世界上日益激烈的竞争要求劳动力供给能够与市场需求相匹配。面对当前和未来的挑战，职业培训中心通过实施非正规的职业教育，提高印度尼西亚劳动力的竞争力，帮助学习者提高特定类型的职业能力，培养他们的工作能力，以便其进入用工企业或从事个体经营，获得相应的福利待遇。因此，职业培训中心还是增进国民社会福祉的场所。

印度尼西亚的职业培训中心在国家社会经济发展中起着重要的作用。

---

① 2014年后，该部根据工作职责更名为印度尼西亚人力部。

它可以为劳动力市场提供一定数量的掌握职业技能的人才，在培养劳动力工作能力的同时，还在劳动力市场上搭建起求职者与企业雇主间的桥梁。职业培训中心的培训帮助各个职业领域的参与者提高自身技术，并赋予他们独立工作的动力。在印度尼西亚的职业培训中心，技术的学习和实践比理论学习更为重要，受教育者在这里同时还能够接受生产纪律、工作态度和职业道德方面的教育。

职业培训中心提供的培训课程包括 A 类、B 类和 C 类三种类型。A 类课程在城市中心提供工业和服务技能培训的大型培训机构或提供多种技术和技能培训的小型私立职业教育机构内进行；B 类课程是在较小的城市中心开展的非正规职业教育，包括自学、家庭教育等；C 类课程则由农村地区最普通的培训机构提供。

职业培训中心课程涵盖的领域广泛，包括农业、酒店旅游业、远程信息处理及信息技术、建筑、电力、机械技术和商业等。受教育者成功完成职业培训中心的课程后，毕业时将获得由职业培训中心颁发的证书。

职业培训中心虽然是非正规的职业教育机构，但它也是印度尼西亚国家职业教育体系的一部分，目前由人力部根据 2003 年第 13 号法案《国家工作培训体系劳动力法案和政府条例》进行监管。为了获得认可，所有职业培训中心都必须由政府评估委员会进行评估。根据印度尼西亚政府的分权战略，职业培训中心由地区政府管辖。

三、以学徒制的方式开展的职业教育

自 2005 年以来，印度尼西亚政府一直设法发展教育并降低失业率。截至 2023 年，印度尼西亚的失业率已从 2005 年 11.2% 下降到 5.32%。然而，相对较低的失业率并不能充分说明印度尼西亚经济的发展为经济社会新增了足够数量的、良好且体面的就业机会。从整体上看，印度尼西亚在十多年间虽然实现了总体失业率的下降，但是青年失业率仍然很高。2017年，印度尼西亚青年群体的失业率为 19.4%。更加令印度尼西亚政府忧虑的是，失业的年轻人中没有接受教育或培训的人所占比例相当高，占青年总人口数的 23.3%。

印度尼西亚将出现上述情况的原因归结为学校教育提供的技能与实际就业岗位的需求不匹配，而且缺乏面向工作的过渡性培训。印度尼西亚政府承诺通过学徒制解决这一问题。2016年12月，印度尼西亚总统发起了"国家学徒项目运动"，并呼吁企业、工人和职业教育机构加入该项目。表3.4所列为印度尼西亚国家学徒制参与者及其资格的相关信息。

表3.4　印度尼西亚国家学徒制的参与者及其资格

参与者	参与者资格
企业	（1）通过支付工资或其他形式的报酬雇佣员工的任何类型的商业实体，包括任何私营、公有、合资，以及法人形式的企业； （2）社会组织，或其他有管理人员并通过支付工资或其他形式的报酬雇佣员工的机构
学徒	求职者、培训机构的学生和满足以下条件并希望提高技能的工人： （1）年龄不低于18岁； （2）具有天赋、兴趣并有资格参加学徒计划； （3）签署学徒协议
培训机构	（1）符合培训标准的政府机构、法人或个人； （2）拥有内部培训部门的企业可以在不使用培训机构的情况下独立开展自己的学徒计划

印度尼西亚的学徒制项目是非正规职业教育计划的一部分。在学徒制下，培训机构的指导教师或企业的高级员工在企业生产经营的过程中对不成熟的技术工人进行工作指导，使他们掌握一定的工作技能，从而更好地完成工作任务，提高企业生产的质量和效率。

印度尼西亚对希望实施学徒制的企业有一系列的要求：第一，企业要理解学徒训练规则；第二，企业需要有符合资格的员工，既要有符合指导人员资格的员工，又要有具备学徒资格的员工；第三，根据企业的需要，与相关部门协调制订学徒计划，并与学徒签订学徒协议；第四，企业能与负责就业的省或县（市）一级政府部门沟通协调；第五，企业能够妥善利用学徒论坛等其他来源的知识和信息。

印度尼西亚采用学徒制在教育界和劳动力市场之间架起桥梁，培养出能够适应劳动力市场的技能人才，满足了印度尼西亚企业对技术工人的需求。这项制度的施行，为青年人提供了参加技能培训的机会，赋予他们接受教育的平等机会，帮助他们获得工作必需的软硬技能，为他们进入劳动力市场做了充足的准备，在一定程度上解决了青年的就业问题。另外，对于用人企业而言，把员工当作学徒，为他们提供相关培训，不仅可以培养出符合行业特定技能标准和企业工作要求的员工，还可以通过继续教育不断提高员工的就业能力和核心工作技能，为激发学徒和企业员工创新提供了环境支持。

第三节　非正式职业教育

同非正规职业教育一样，非正式职业教育在弥补印度尼西亚正规职业教育严重不平等方面发挥了巨大的作用。很多印度尼西亚人，特别是低收入者、老年人和失业青年等群体很难进入正规职业教育机构来提高他们的技能和知识。非正式职业教育与非正规职业教育均是这些人群获得工作技能的重要途径，赋予了这些人群接受职业教育的平等权，帮助他们获得工作技能并实现就业。

几乎所有进入非正式职业教育的印度尼西亚人，都在完成初中教育之前退出了正规教育体系。事实上，根据印度尼西亚的全国社会经济调查（Survei Sosial Ekonomi Nasional，SUSENAS），在 2003 年约 440 万辍学者中，约有 100 万人进入非正式教育系统，以此获得第二次受教育机会和就业途径。印度尼西亚非正式教育是正规职业教育的有效补充，其目标是为学习者提供终身学习技能的机会。

非正式职业教育与非正规职业教育一样，都由政府、私人或私人组织提供。非正式职业教育与非正规职业教育最大的区别在于，非正式职业教育通常是无结构和无计划的，而非正规职业教育则具有结构性和梯次性，有明确的教育计划和教育水平划分。印度尼西亚的非正式职业教育的形式主要有私立培训机构提供的职业教育课程与协会提供的职业教育课程两类。

一、私立培训机构提供的职业教育课程

私立培训机构通常由一个或多个提供培训课程的个人所有。在印度尼西亚，几乎所有私立培训机构都有企业支持其提供培训课程的业务。印度尼西亚很多提供职业教育的私立培训机构都是私人所有、员工不到10人的小型企业。私立培训机构必须根据人力部法规或教育、文化、研究和技术部法规在相关部门进行注册，例如为航空公司提供业务培训的私人机构需要在运输部注册。此外，印度尼西亚很多私立培训机构还可能会在两个部门进行双重注册，因为双重注册就有资格获得两个部委的援助。

大部分私立培训机构是为离校生和其他没有通过正规教育体系获得就业技能的人群提供服务，专注于需求量大且不需要大量投资的课程。由于私立培训机构的招收对象是希望获得就业技能的年轻人，所以课程的受欢迎程度反映了年轻人对就业或创业方向的想法。私立培训机构教育内容灵活，为适应招收对象的需求可随时改变课程方向。近年来，私立培训机构提供的职业教育课程主要集中于计算机技能、缝纫和个人护理等方向，完成这些课程的学习后，学员能够自己创业，或在对口的微型企业就业，例如学习个人护理的学员可以在美容和新娘化妆行业内创业或进入这个行业的微型企业工作。

私立培训机构没有课程内容和时长的标准，通常以国家教育标准为参考进行课程设计。学习者的学习成果由机构内部进行评估，评估合格后学习者将获得培训证书。培训课程往往是短期的，时长因培训提供机构而异，这在很大程度上取决于学习者对课程费用的支付能力以及他们是否需要采取尽可能快的途径实现就业。课程的实践时间也很短，旨在使课程学习者有资格在尽可能短的时间内实现就业或创业。

私立培训机构的教师通常以合同形式聘用，并只在课程期间聘用，他们的资历没有固定的标准。大多数私立培训机构的教师来自行业，并持有正式行业资格。只有少数培训机构坚持认为，教师应具备经专业认证组织认定的职业教育教师资格，或具备评估员的资格。

私立培训机构提供的职业教育课程虽然在很大程度上满足了无法接受正规职业教育和非正规职业教育者的需要，弥补了正规职业教育和非正规职业教育的不足，但是它提供的职业教育的质量还缺乏保障。尽管大多数私立培训机构声称其所设计的课程以国家教育标准为基础，但是并没有对课程内容进行结构化设计，只是将职业教育课程与国家教育标准进行了表层的对标，学员学习这些课程后，并不能达到国家职业能力标准的要求。另外，尽管大多数私立培训机构声称其课程可提供大约30％的理论内容和70％的实践内容，但是由于实践设备短缺且不符合国家教育标准要求，因而实践环节往往达不到应有的教育效果。

私立培训机构在提供课程，以及评估、认证学员学习成果方面，往往面临着质量保障缺失的困境。这些私立培训机构内部自行进行的评估和认证体系，其有效性难以得到保障。在印度尼西亚，仅有一家已注册的私立培训机构能够通过教育、文化、研究和技术部的认证机构进行标准化评估并颁发证书，但这只是个例。大多数私立培训机构颁发的证书多是基于该机构的内部评估和学员的原始记录，而非依据统一、严格的质量保障标准。这些证书仅简单罗列了学员参与的课程科目，缺乏对学员实际学习成效的深度评价和认可。虽然部分私立培训机构也遵循教育、文化、研究和技术部的指导，引入专业或能力认证机构进行外部认证，但这一做法因成本高昂而难以普及，企业雇主及学员对此类认证的需求也相对有限，由此进一步加剧了私立培训机构在认证方面的随意性和非标准化。

一般来说，私立培训机构不会帮助学员安排就业，但几乎所有的私立培训机构都有一个雇主关系网络，他们以各种方式进行合作，为学员安排实践环节的学习，这一环节会让学员在完成课程后可以在该雇主的企业内获得正式就业的机会。在正式就业机会很少的地区，私立培训机构会鼓励学员考虑个体经营。为此，有些私立培训机构的培训课程会包括创业的内容。事实上，许多技能很适合应用于个体经营，例如摩托车维修和保养、手机或电子设备维修、裁缝，一些学员学习这些课程之后就会选择开设自己的店铺。

二、协会提供的职业教育课程

印度尼西亚培训和课程提供者协会（Himpunan Penyelenggara Pelatihan

dan Kursus Indonesia，HIPKI）与印度尼西亚培训机构协会（Himpunan Lembaga Latihan Seluruh Indonesia，HILLSI）是印度尼西亚两个最典型的提供职业教育课程的协会组织。

印度尼西亚培训和课程提供者协会注册于教育、文化、研究和技术部，是印度尼西亚课程和培训组织者沟通与交流的平台。其基本任务有两个：第一，促进培训和课程提供者之间的协同，协助政府培养语言、美容、缝纫、水疗等各个领域的专业人员，以满足社会对于合格劳动力的需求；第二，与政府建立沟通和协商机制，以增加该协会在课程和培训实施中的参与度，确保其可以代表课程和培训的组织者参加关于非正式教育政策的各种论坛。

印度尼西亚培训机构协会注册于人力部。印度尼西亚各地的培训机构为培养满足市场需求的劳动力，联合起来成立了该协会。同印度尼西亚培训和课程提供者协会一样，印度尼西亚培训机构协会也是各部委、协会区域办事处、其他利益相关方及其成员之间的沟通渠道。培训机构协会作为政府、商界和工业界的合作伙伴，和他们共同解决失业问题，并致力于印度尼西亚劳动力资源的发展。培训机构协会的主要任务有三个：第一，组织印度尼西亚各地的培训机构，满足市场对劳动力的需求，促进利益相关方的协调发展；第二，建立沟通和咨询渠道，增加政府的参与度；第三，将政府管理部门制定的政策应用到职业培训过程中。

第四章

职业教育治理

在工业 4.0 时代，印度尼西亚面临振兴职业教育的重任。印度尼西亚政府力图发展职业教育、提高劳动力质量，以便为国家经济建设做出贡献，因此十分重视对职业教育的治理。本章将从印度尼西亚职业教育的发展战略、政策法规、行政管理、质量标准与保障四个方面来阐述印度尼西亚对职业教育的治理。

第一节　职业教育的发展战略

为了使受教育者在全球劳动力市场上更具有竞争力，保障受教育者能够满足国际与国内劳动力市场的需求，印度尼西亚政府在职业教育中引入"需求驱动型课程"，以期大幅度提高其职业教育的有效性。印度尼西亚教育、文化、研究和技术部目前正在实施振兴职业高中的计划，引导职业高中优先发展国家支柱产业所需的职业教育。印度尼西亚的这些职业教育发展战略集中体现在 2016 年第 9 号总统令《关于在提高印度尼西亚劳动力质量和竞争力的框架内振兴职业高中》。

一、印度尼西亚振兴职业教育发展战略形成的背景

（一）国内背景

在全球化与工业 4.0 浪潮的双重推动下，印度尼西亚作为东南亚地区的重要经济体，正迎来前所未有的发展机遇。与此同时，劳动力结构的变化、技术革新的加速、产业结构的转型升级，使印度尼西亚职业教育显现出一些不合时宜的问题。面对这些机遇和挑战，印度尼西亚必须重新对其职业教育进行审视，并制定出职业教育发展新战略。

1. 工业 4.0 时代下劳动力结构的变化

以数字化、自动化和智能化为主要特征的工业 4.0 时代，正在深刻改变着全球产业格局和就业市场。对于发展中国家印度尼西亚而言，这一转型不可避免地影响着其国内劳动力结构，其职业教育战略发展目标也必然要顺应这一趋势进行调整。

首先，随着工业 4.0 时代的到来，对印度尼西亚劳动力的技术要求正经历着显著的转变。随着自动化、信息技术和数据分析等前沿技术的广泛应用，传统的体力劳动和单一技能型岗位逐渐退居二线，取而代之的是软件开发、复杂机器维护和高度数字化管理等新兴岗位。这些新兴岗位对员工的要求已经不再是具备单一的技能或能够进行体力劳动，而是需要员工具备复合且多元化的技能。企业开始更加注重招聘和培养掌握编程、大数据分析、机器学习等数字化技能的专业人才，以适应工业 4.0 带来的生产和管理方式的变革。

为了保持竞争力，企业不得不提升员工的技术水平和知识结构，要求他们不仅要具备先进的操作技能，还要拥有全面的知识体系。这种趋势促使印度尼西亚的教育机构和培训体系必须紧跟时代步伐，加强对学习者数字化技能的培养，为工业 4.0 时代培养出更多符合市场需求的高素质技术技能人才。

这种技能需求的转变，给印度尼西亚的职业教育带来了巨大挑战。过

去以培养基础技能为主的职业教育模式，已经无法满足企业对复合型人才的需求。因此，印度尼西亚需要通过确立新的职业教育战略发展目标，加强科学、技术、工程、数学领域的人才培养，提高学习者的数字化技能，使之能够适应未来产业发展的需要。

与此同时，印度尼西亚在工业4.0时代下的就业结构正在发生巨大变化，自动化和智能制造正在取代大量简单重复的体力劳动岗位。例如，汽车制造、电子组装等行业大量采用机器人和自动化生产线，大幅减少了对人工操作的需求。即使在物流配送、服务业等领域，也出现了许多工作被自助结算、智能客服系统所取代的情况。但与传统岗位减少形成鲜明对比的是，物联网工程师、人工智能专家等新兴职业正在快速增加。同时，灵活就业、远程办公等新型就业形式也更加普及。这种结构性变革不可避免地会导致一些传统行业和职业就业机会的减少，同时也为更多新兴行业和职业提供了就业空间。

这种就业结构的重塑对印度尼西亚职业教育提出了新要求。一方面，职业教育要瞄准新兴技术领域，培养物联网、人工智能等专业技能人才；另一方面，还要为那些因自动化而失去工作的低技能劳动者提供针对性的再培训，帮助他们转型发展，提高就业能力。只有如此，职业教育才能更好地服务于印度尼西亚劳动力市场的需求变化。

在工业4.0时代，一方面，高科技行业如人工智能、大数据等领域的专业人才供给严重不足，企业为了吸引和留住这些关键人才不得不提供高额薪酬；另一方面，传统制造业和服务业中大量依赖体力劳动的工人则面临被自动化技术取代的风险，其就业前景和收入水平可能会下降。这种高低技能群体之间的收入悬殊，必然会加大印度尼西亚社会的收入差距。收入差距的扩大，对印度尼西亚职业教育改革提出了新的挑战，要求职业教育必须关注教育公平问题，为弱势群体提供更多的教育机会，帮助他们获得适应未来市场需求的技能，缩小与高技能群体的差距，促进社会公平正义。职业教育要着重培养掌握编程、数据分析等数字技能的复合型人才，提高他们的就业竞争力和收入水平。同时，要重视对低技能劳动者的再培训，提升他们的专业技能，帮助他们转型发展，缓解自动化带来的就业压力，缩小收入差距。

2. 职业教育的现实情况

在印度尼西亚，职业教育作为国家教育体系的重要组成部分，其质量和发展水平直接关系到国家经济的繁荣和社会的进步。然而，当前印度尼西亚职业教育面临着诸多挑战，这些挑战不仅来自外部环境，更有根植其内部的复杂因素。因此，印度尼西亚在制定职业教育发展战略时，需要充分、全面地考量其内部的各项要素，以确保战略的有效性和针对性。

首先，印度尼西亚职业教育质量参差不齐，难以满足产业需求，这一问题已引起广泛关注。印度尼西亚职业学校在教学水平上参差不齐，部分院校师资力量薄弱，教学方法陈旧，难以培养出满足现代产业发展需求的技术技能型人才。此外，各地区职业教育质量的不平衡问题也日益突出，优质教育资源多集中在少数发达地区，这进一步加剧了地区间人才培养能力的失衡。

其次，印度尼西亚职业教育师资队伍存在诸多问题。一是专业领域职业教师供给不足，特别是在新兴技术领域，如信息技术和机器人工程等领域，教师资源严重滞后于学校需求；二是教师地域分布不均衡，经济发达地区的职业学校吸引了大量优质教师资源，而偏远地区则面临严重的师资短缺问题；三是职业教师培养教育存在局限，传统的教师培养方案过于注重理论知识的传授，忽视实践技能的培养，导致教师在面对实际教学场景时，难以将理论知识有效转化为教学实践。

最后，印度尼西亚职业教育基础设施的完善程度直接影响教学质量和人才培养效果。目前，许多职业学校面临实训设备和实验室陈旧过时而无法满足现代教学需求的问题。这些老旧的设备难以模拟现代工厂和企业的真实生产环境，限制了学生在实践操作能力方面的培养。同时，由于资金投入不足，许多职业学校无法为学生提供良好的实训环境，导致学生缺乏实际操作经验，难以适应企业工作环境。

综上所述，印度尼西亚职业教育在教学质量、师资队伍和基础设施等方面均存在明显的问题，这些问题严重制约了其进一步发展，这就要求印度尼西亚政府制定新的职业教育发展战略，以提高职业教育质量，培养出更多符合现代产业发展需求的高素质技术技能人才。

（二）国际背景

随着全球经济的深度融合，劳动力市场对专业技能人才的需求日益增长。与此同时，印度尼西亚正经历着经济结构转型。在这一转型过程中，印度尼西亚的职业教育不仅要应对国内劳动力市场的变化，还需放眼全球，积极融入国际职业教育体系，培养具备国际竞争力的高素质技术技能人才。全球经济一体化、联合国2030年可持续发展目标和东盟一体化等国际因素都要求印度尼西亚重新确定其职业教育的战略定位和发展路径。

1. 全球经济一体化

在全球经济一体化的大背景下，劳动力市场对专业技能人才的需求呈现前所未有的增长态势。随着制造业向新兴市场转移、服务业的蓬勃发展以及新兴技术的不断涌现，对具备高技能、能够适应快速变化的劳动力的需求大幅增加。在这样的背景下，印度尼西亚作为一个正处于经济结构转型期的国家，必须为其职业教育发展确定新的战略定位。

印度尼西亚的经济结构正从依赖初级产业向以工业和服务业为主导的方向转型。然而，劳动力整体素质偏低、技能错配问题严重，成为制约经济进一步发展的重要因素。此外，职业教育质量低下、专业设置不匹配等原因使得优质人力资源匮乏，限制了劳动生产率的提升。与此同时，职业教育与企业之间的合作不足，导致人才培养与市场需求之间存在一定的脱节。

针对这些问题，印度尼西亚政府应制定切实可行的职业教育发展战略，包括：完善教育体系，确保职业教育的全面性和系统性；加强产教融合，促进学校与企业之间的紧密合作，实现人才培养与市场需求的有效对接；提升教育质量，通过改革教学方法、优化课程设置、加强师资队伍建设等措施，提高职业教育的整体水平和质量。通过这些措施的实施，印度尼西亚将能够培养更多适应经济全球化需求的高素质技术技能人才，为国家的经济发展注入新的活力。

2. 联合国 2030 年可持续发展目标

在联合国提出的2030年可持续发展目标中，多项核心目标与职业教育紧密相连，这为印度尼西亚的职业教育发展提供了新的指引。这些目标包括：确保包容和公平的优质教育（目标4）；促进持久、包容和可持续的经济增长，以及充分的生产性就业和人人获得体面工作（目标8）；建造牢固的基础设施，促进包容和可持续的工业化，并推动创新（目标9）等。

为达成这些目标，职业教育在印度尼西亚的发展中发挥着关键作用。它不仅能够提供优质、包容的职业教育，培养适应劳动力市场需求的高素质技术技能人才，还能促进产教融合，为经济发展提供所需的专业人才。此外，职业教育还能提升劳动者的技能与就业能力，帮助人们实现体面工作和持续发展，同时支持工业化和基础设施建设所需的专业技术人才培养。

然而，当前印度尼西亚的职业教育体系难以完全满足上述可持续发展目标的要求。因此，印度尼西亚制定新的职业教育发展战略显得尤为必要。这一战略需要系统梳理职业教育发展与国家发展战略的关系，制定更加具有针对性、系统性的职业教育发展政策。通过整合各方资源，推动职业教育改革创新，提高教育质量，从而增强职业教育在国家发展中的战略地位和影响力。

3. 东盟一体化

随着东盟一体化的深入推进，印度尼西亚作为东盟成员国，在职业教育领域面临着前所未有的机遇与挑战。东盟一体化不仅要求各成员国之间的经济合作更加紧密，也促使劳动力、技能和教育资源的流动与共享成为必然趋势。在这一背景下，印度尼西亚的职业教育发展需要适应新的区域合作框架，以推动教育资源的优化配置和人才培养的国际化。

首先，劳动力流动性的提升要求印度尼西亚的职业教育政策与其他东盟成员国相协调。为了实现东盟区域内劳动力的自由流动和就业，印度尼西亚需要与其他国家共同制定互认的职业资格框架，确保职业教育成果在东盟区域内的广泛认可。这将有助于减少劳动力流动的障碍，促进区域经济的共同发展。

其次，就业竞争力的提升成为印度尼西亚职业教育改革的重要目标。随着东盟共同体的建立，各国劳动力在区域内的竞争日趋激烈。为了提高学生的就业竞争力和适应性，印度尼西亚的职业教育需要更加关注东盟区域内的就业市场和行业趋势，培养学生具备通用和实用的就业技能。同时，加强与国际企业和行业的合作，为学生提供更多的实习和就业机会，这也是提升其就业竞争力的重要途径。

再次，产业需求的对接是印度尼西亚职业教育发展的重要方向。东盟一体化要求各国职业教育紧密对接区域产业发展需求，培养适合区域产业发展的专业人才。因此，印度尼西亚需要与其他国家加强合作，共同研究区域产业发展趋势和人才需求，调整职业教育专业设置和课程内容，确保人才培养与市场需求的有效对接。

最后，资源共享与合作是印度尼西亚职业教育发展的重要保障。东盟一体化为印度尼西亚提供了与其他东盟成员国开展职业教育领域合作的机遇。通过资源共享、师资交流、课程开发等方式，印度尼西亚可以借鉴其他国家的先进经验和技术，提升本国职业教育的质量和效率。同时，加强国际合作也有助于提高印度尼西亚职业教育的国际影响力和竞争力。

综上所述，为了适应东盟一体化的趋势，印度尼西亚需要积极参与区域合作，加强在政策协调、标准制定和产教融合等方面的努力，制定符合区域发展需求的职业教育发展战略。这将有助于提升印度尼西亚职业教育的质量和效率，为区域经济的共同发展提供有力的人才支撑。

二、印度尼西亚职业教育的战略目标

印度尼西亚职业教育的战略目标旨在适应工业 4.0 时代的快速变革，满足国内产业发展和国际竞争对人力资源的新要求，并推动社会经济的持续发展。这些战略目标在《印度尼西亚国家工业发展总体规划（2015—2035 年）》和《印度尼西亚职业教育总局发展规划（2020—2024 年）》中得到了明确的体现。

第一，印度尼西亚职业教育的核心战略目标是培养适应未来产业发展的高素质技术技能人才。在工业 4.0 的背景下，数字化、自动化和智能制造成为产业发展的主导方向，这对劳动力提出了更高的技能要求。《印度尼西亚国家工业发展总体规划（2015—2035 年）》明确提出，到 2035 年，工业领域的管理人员占总体的 12%，技术工人占 88%。这体现了印度尼西亚政府对高技能制造人才的迫切需求。因此，印度尼西亚职业教育需要改革传统的教育模式，加强科学、技术、工程和数学教育，以培养出具备数字化技能和创新思维的复合型人才。这些人才将能够胜任先进制造业中的技术岗位，推动产业的升级和转型。

第二，印度尼西亚职业教育注重校企合作的推进。校企合作是确保教育培养与企业需求相匹配的重要途径。通过加强学校与企业之间的合作，职业教育可以更加准确地了解产业的需求和发展趋势，及时调整教育内容和课程设置。同时，校企合作还可以为学生提供更多的实践机会，帮助他们更好地适应工作环境、提高就业竞争力。

第三，印度尼西亚职业教育还重视终身学习的理念。在工业 4.0 时代，技术和知识的更新速度加快，劳动者需要不断地更新自己的知识和技能以适应新的工作环境。因此，职业教育需要为在职人员提供技能更新的机会，帮助他们跟上时代的步伐。同时，终身学习也可以提高劳动者的职业适应性和创新能力，促进个人和社会的持续发展。

第四，印度尼西亚职业教育还关注失业工人的转型发展。随着产业结构的调整和技术变革的加速，一些工人可能会面临失业的风险。为了帮助他们重新就业，职业教育需要加强具有针对性的职业培训，提供符合市场需求的技能和知识。通过培训，失业工人可以学习新的技能和知识，提高自己的再就业竞争力，实现职业转型和发展。

第五，印度尼西亚职业教育还关注教育公平问题。教育公平是社会公平正义的重要体现。在职业教育中，政府及教育、文化、研究和技术部需要采取一系列措施来缩小高低技能群体之间的收入差距，包括优化教育资源分配、提高教育质量、加强弱势群体教育支持等。通过这些措施，可以促进教育公平的实现，为所有人提供平等的发展机会。

综上所述，印度尼西亚职业教育的战略目标旨在培养适应未来产业发展的高素质技术技能人才，缓解当前人力资源供给与需求的结构性矛盾，促进社会公平正义。通过加强科学、技术、工程和数学教育，促进校企合作，重视终身学习，加强针对性职业培训和关注教育公平等措施，印度尼西亚将不断推动职业教育改革和发展，为印度尼西亚在工业 4.0 时代的发展提供有力的人才支持。

三、印度尼西亚职业教育的战略方向及具体措施

（一）战略方向

在印度尼西亚职业教育发展战略的规划与实施过程中，明确了以下几个核心方向，以确保其能在全球化和技术创新的浪潮中培养出适应未来社会需求的高质量人力资源，进而提升国家的整体竞争力。

第一，培养面向未来的高质量人力资源是印度尼西亚职业教育战略的首要任务。这要求印度尼西亚职业教育体系不仅要注重对学生专业技能的培养，更要强调对其创新精神、国际视野和终身学习能力的培养，以培养出能够引领国家走向繁荣与现代化的优秀人才。

第二，敏锐洞察并积极应对全球发展趋势是职业教育战略不可或缺的一环。从技术进步、社会文化转变到环境变化，再到未来工作环境的全新面貌，职业教育需要紧跟这些全球发展趋势，及时调整教学策略和课程设置，确保学生所学知识和技能与未来社会需求相匹配。

第三，培养适应工业 4.0 时代的专业技能是职业教育战略的关键所在。在自动化、人工智能等技术的推动下，工业 4.0 引起的变革正深刻改变着生产方式和社会结构。职业教育应紧密围绕这些技术变革，为学生提供前沿、实用的技能培训，并鼓励他们运用新技术提升学习和工作的效率。

第四，回应社会文化和环境的变化是职业教育战略的重要方向。随着人口结构、社会经济状况和能源环境压力的变化，职业教育需要相应地调整人才培养的目标和内容，培养出具备社会责任感、环保意识和创新能力的未来公民。

第五，紧密对接未来劳动力市场的需求是职业教育战略的现实目标。随着工作环境的日益灵活化和个性化，职业教育需要更加注重培养学生的职业适应能力和自我管理能力，使他们能够在未来多变的职业环境中立足并发展。

第六，提升职业教育的质量和社会地位是确保职业教育战略成功的关

键。印度尼西亚政府正在全面推进职业中学的复兴，以提高人力资源的质量和竞争力。为实现这一目标，职业教育需要不断提高教学质量、提升师资水平、优化课程设置，并通过与企业和社会的紧密合作，提高职业教育的社会认可度和影响力。

综上所述，印度尼西亚职业教育战略的总体方向是：以培养适应未来社会需求的高质量人力资源为核心，关注全球发展趋势、紧跟技术变革、适应社会环境变化、对接未来劳动力市场，并不断提升职业教育的质量和社会地位。这将有助于实现印度尼西亚的国家发展理想，提升其在全球竞争中的地位。

（二）具体措施

根据上述职业教育发展的战略方向，印度尼西亚采取了一系列措施，主要包括加强职业教育与行业的深度融合、提升高等职业教育的质量、完善职业教育体系建设。这些措施的实施，不仅有助于提升印度尼西亚劳动力的职业技能和竞争力，也将为印度尼西亚的经济增长和社会发展注入新的活力。

1. 加强职业教育与行业的深度融合

加强职业教育与行业的深度融合是实现人才培养与行业需求对接的关键所在。印度尼西亚政府高度重视这一点，采取了以下具体措施，旨在构建更加紧密的校企合作机制，提升职业教育的针对性和实效性。

第一，鼓励教育机构与行业建立深度合作关系。印度尼西亚政府积极鼓励教育机构与相关行业建立深度合作关系，邀请行业专业人士全面参与职业教育的课程设计、教学过程、实习指导等环节。这样可以确保课程内容与行业需求高度契合，一方面有利于使学生的学习更贴近实际工作环境，另一方面也有助于教育机构及时了解行业对人才的具体需求，并据此调整课程设置、教学内容等。

第二，大力推动"教学工厂"的建设。所谓"教学工厂"，就是在学校内部建立模拟真实工厂环境的教学场所，让学生在实践场景中掌握所需的专业技能。这种"教学工厂"的建设，使学生能够在校内就获得相当于企业车间的实践经验。他们可以在这里对所学理论知识进行实际操作和应用，将理论知识与实践技能有机结合。这不仅有助于学生更好地理解和掌握专业知识，也为他们顺利就业奠定了坚实的基础。同时，通过"教学工厂"的建设，学校还可以为企业提供工艺改进、产品开发等技术服务，从而进一步深化校企合作，实现资源共享。

第三，加强对职业教育质量的监管和评估。通过定期评估教育机构的培养效果，印度尼西亚政府可以及时发现问题并采取针对性措施，确保学生毕业时所掌握的职业技能能够真正满足行业需求。

2. 提升高等职业教育的质量

印度尼西亚的高等职业教育领域面临着多重挑战，包括满足日益增长的就业市场需求、提升教育质量、确保学生获得与市场需求相匹配的技能等。为此，印度尼西亚采取以下措施来推动高等职业教育的发展。

第一，优化专业设置与课程设计。印度尼西亚着重提高科学和工程领域的学位项目数量和质量。通过提高入学标准、提供更多研究机会和实验室设施，以及吸引更多有能力的科学和工程专业人才，来确保学生在这些领域获得前沿知识和实践经验。除了科学和工程领域，其他专业的课程设置也注重实用性和前瞻性，课程内容紧密结合市场需求和技术发展趋势，确保学生毕业后能够迅速适应职场环境。

第二，建立严格的教学质量管理体系。为了确保教育质量，印度尼西亚建立了更严格的教学质量管理体系，包括制定统一的教学标准、加强对教学过程的监控和评估，以及定期对教学质量进行审计和评估。

第三，提高教师的专业水平和技能。教师是提升教育质量的关键因素。印度尼西亚加强了对高等职业教育教师的培训和发展，以提高他们的专业水平和技能。同时，建立激励机制，鼓励教师积极参与教学研究和改革。

第四，强化与就业市场的对接。为了更好地满足就业市场需求，印度尼西亚的高等职业教育机构与企业建立了紧密的合作关系，以了解市场需求和人才要求，为学位项目的设置和课程内容的调整提供有力支持。

3. 完善职业教育体系建设

印度尼西亚正面临着职业教育与市场需求不相符的挑战，这影响了毕业生的就业率并限制了经济的发展潜力。为了应对这些挑战，印度尼西亚采取了一系列战略性措施来完善其职业教育体系。

第一，印度尼西亚要求职业教育教师不仅要具备相应的理论知识，还必须具备行业实践经验。这种经验可以帮助教师将课堂教学与实际工作环境紧密结合，为学生提供真实的行业洞察和技能训练。同时，通过出台新的政策和规定，确保教师参与到行业实际工作中，从而不断更新他们的专业知识和技能。

第二，加强对培训机构的监管和质量评估，确保培训内容和方式与行业需求相匹配。这要求印度尼西亚建立一个全面的质量监控系统，定期评估培训机构的表现，并根据行业反馈和市场变化调整培训课程。通过这样的监管机制，印度尼西亚可以持续提高职业培训的标准和质量。

第三，印度尼西亚还在努力完善职业教育管理机制。通过建立一个绩效评估体系，可以全面考核职业教育机构的表现。这种评估不仅关注教学质量，还关注包括毕业生的就业情况、学校的社会声誉等在内的多个方面。同时，印度尼西亚正推动所有职业教育机构取得官方认证，增强其在社会上的公信力和透明度。

总体而言，这些战略措施的共同目标是提升印度尼西亚职业教育的质量，使之更加符合行业和市场的需求。通过提供更高质量和更相关的职业教育，印度尼西亚可以提高其劳动力的竞争力，从而推动国家的经济增长和社会发展。这不仅有助于学生的职业发展，还能满足企业对于技能劳动力的需求，最终实现经济与教育的共赢。

第二节　职业教育的政策法规

职业教育是印度尼西亚国民教育体系的重要组成部分，为印度尼西亚国家经济发展提供技术人才支撑。不断变化的国内外环境，对印度尼西亚职业教育提出了更高的要求。为了使职业教育更好地为国家经济发展服务，印度尼西亚政府在原有立法的基础上，陆续出台了一系列有关职业教育的法律法规，逐步建立了比较完善的职业教育立法体系，全面保障了印度尼西亚职业教育的健康有序发展。印度尼西亚与职业教育发展密切相关的现行法律法规，大致可分为职业教育战略方针、职业教育体系、职业教育质量认证和职业教育教师四个方面。

一、与职业教育战略方针相关的法规

印度尼西亚政府意识到劳动者在国家经济发展中的重要作用，为了提升劳动者的福利、保障劳动者的权利，于 2003 年 3 月 25 日实施了新修订的《劳动法》，其中的第五章对职业教育做出了相关规定，从总体上提出了职业教育的方针。

《劳动法》的第五章首先强调要加强职业教育的发展，通过职业教育提高劳动者的工作能力，进而促进生产力的发展。同时要求，职业教育要考虑市场和企业的需要，要根据职业能力标准设置教育课程；职业教育应由政府设立的正规教育机构或私人举办的培训机构提供，也可以在工作现场进行；劳动者有权通过职业教育提升和改进自身工作能力，也可以通过职业教育发展适合自身天赋和兴趣的能力；每个劳动者都能平等地接受与提升工作能力相关的职业教育，企业有通过职业教育提升劳动者工作能力的责任。

《劳动法》还特别指出，职业教育可以采用学徒制的形式展开。学徒制的实施应依据学徒和企业共同签订的书面学徒合同，完成学徒计划的劳动者可以得到经企业或第三方认证机构认定的工作技能资格认证。

《劳动法》的规定体现了印度尼西亚政府重视职业教育与产业需求的对接，通过要求企业参与职业培训和校企合作，有效地促进了职业教育质量的提升。这不仅满足了企业对高素质技术技能人才的需求，也为广大职业学校学生提供了更多的实践机会和就业渠道，为推动印度尼西亚职业教育事业的发展提供了重要的制度支撑。

二、与职业教育体系相关的法规

为了保障公民受教育的基本权利，使所有公民都能平等地接受各种类型和各种层次的教育，印度尼西亚于 2003 年修订了 1989 年颁布的《国家教育体系法》。《国家教育体系法》规定了包括职业教育在内的教育体系的总体结构。根据该法规定，印度尼西亚的职业教育分为中等职业教育和高等职业教育，中等职业教育由职业高中 / 伊斯兰职业高中或同等学力教育机构等中等职业学校承担，高等职业教育由高等教育机构承担。该法还规定，职业教育可以通过正规教育、非正规教育和非正式教育的形式实施。

《国家教育体系法》将职业教育正式纳入印度尼西亚的国民教育体系，明确规定职业教育应当与经济社会发展需求相适应，为职业教育的开展奠定了法律基础，为后续相关政策法规的出台提供了法律依据。

三、与职业教育质量认证标准相关的政策法规

印度尼西亚在职业教育质量认证方面制定了一系列重要的政策法规，这些文件主要涉及加强职业教育标准建设和建立质量评估与认证制度等措施。

在全球化和知识经济日益发展的背景下，职业教育成为国家经济发展和社会进步的关键因素。印度尼西亚作为东南亚的重要经济体，其职业教育质量直接关系到国家竞争力水平和劳动力素质水平。因此，印度尼西亚政府构建了一套完善的职业教育质量保障制度体系，旨在提升职业教育整体质量，培养高素质技术技能人才。

（一）职业教育标准

职业教育标准是印度尼西亚的职业教育质量框架的核心。这些标准全面覆盖了中等职业教育、高等职业教育，以及其他各种教育机构提供的职业培训，为各级各类的职业教育设定了明确的质量基准。

1.《职业高中 / 伊斯兰职业高中国家教育标准》

印度尼西亚于 2018 年发布的《职业高中 / 伊斯兰职业高中国家教育标准》（简称"该标准"）为职业高中 / 伊斯兰职业高中教育质量提供了明确的标准和规范，为质量监管提供了依据。该标准为确保职业高中 / 伊斯兰职业高中的教育质量，明确了毕业生应达到的学习成果标准，这些标准全面覆盖了知识、技能和态度等关键要素。同时，该标准针对教学内容、过程和评估制定了具体的要求，旨在确保教学质量的高标准与一致性。此外，为提升师资队伍质量，该标准制定了职业高中 / 伊斯兰职业高中教师的资格标准，以确保他们具备足够的专业素养和教学能力。在硬件设施和管理方面，该标准也规定了职业高中 / 伊斯兰职业高中所需的设施和管理等标准要求，旨在为学生的学习提供优质的物理环境和管理支持。最后，为了持续监测和提升教育质量，该标准设置了职业高中 / 伊斯兰职业高中教育质量评估和监测机制，以定期评估教育质量，并及时调整和改进。这一系列措施构成了印度尼西亚职业高中 / 伊斯兰职业高中教育质量保障体系的坚实基础，促进印度尼西亚建立了完整的质量评估和监测体系，有利于持续改进职业高中 / 伊斯兰职业高中教育质量。[①]

2.《高等教育国家教育标准》

2020 年发布的《高等教育国家教育标准》为印度尼西亚高等职业教育质量保障提供了明确的指导框架。这一法规不仅体现了印度尼西亚政府对提升高等职业教育质量的坚定承诺，也为高等职业教育的研究与实践指明了方向。该法规首先要求所有高等职业院校建立并实施内部质量保障体系（Sistem Penjaminan Mutu Internal，SPMI）。这一体系的建立，标志着印度尼西亚高等职业教育从以教学为中心的传统模式，转向更加注重质量保障和持续改进的现代模式。此外，该法规还规定了外部质量保障机制，即国家高等教育认证机构（Badan Akreditasi Nasional Perguruan Tinggi，BANPT）对高等职业院校的定期评估和认证。这一机制的实施，为院校提供了外部监督和质量保障，确保了教育质量评价的客观性和公

---

① 资料来源于《职业高中 / 伊斯兰职业高中国家教育标准》。

正性。最后，该法规通过课程设置与行业需求相结合、加强实践教学等措施，促进了高等职业教育与行业的紧密对接，提高了毕业生的就业竞争力。①

《高等教育国家教育标准》的实施为提升印度尼西亚职业教育质量提供了有力的法律保障和明确的方向。它在建立内部和外部质量保障机制、促进与行业的对接等方面的策略，均体现了现代职业教育发展的核心要求。

3.《基于能力的培训实施指南》

2014年发布的《基于能力的培训实施指南》在学校以外的职业培训质量保障方面展现出了前瞻性和系统性，为印度尼西亚职业培训的发展提供了有力的制度支撑。该法规首先强调职业能力标准的重要性，明确提出了包括国家职业能力标准、特殊标准和国际标准在内的多维度标准体系。这些标准不仅为职业培训提供了明确的目标和方向，同时也确保了培训内容的针对性和实用性，使职业教育与行业需求紧密对接。该法规还引入了基于能力的培训的原则，强调培训应以能力标准为依归，评估以能力达成为标准。这一原则要求培训机构在培训过程中，必须确保学员能够真正掌握并应用所学技能，而非仅仅停留在理论层面。同时，该原则也要求培训机构必须获得国家认证，以确保其培训质量和水平。在培训实施方面，该法规明确要求培训机构必须具备合格的培训师和符合标准的培训设施。这一要求确保了培训过程的专业性和有效性，同时也为学员提供了良好的学习环境。通过严格把控培训机构的准入门槛，该法规有效地提升了职业教育的整体质量。该法规还强调了培训质量评估的重要性，要求开展培训监测和报告，以评估培训计划的实施成效。这一措施有助于及时发现问题和不足，为培训机构提供改进的依据和方向。同时，通过定期发布培训质量报告，该法规也增强了职业教育透明度，提升了公众对职业教育的信任度和认可度。②

---

① 资料来源于《高等教育国家教育标准》。
② 资料来源于《基于能力的培训实施指南》。

（二）培训机构认证

印度尼西亚于 2022 年发布《职业培训机构认证条例》，为职业教育质量保障领域注入了新的活力，通过建立明确的职业培训机构认证制度，为提升职业教育质量提供了强有力的制度保障。

《职业培训机构认证条例》明确了职业培训机构认证的详细标准，这些标准覆盖了职业培训机构的各个方面，从机构管理、课程设置、师资队伍到设施设备和培训质量管理等，形成了一套全面而细致的评估体系。该条例规定的认证程序包括申请、评估、决策和监督等环节，这些环节不仅规范了认证过程，还确保了认证结果的透明性和公正性。条例对职业教育质量保障做出了重要规定，并通过认证制度的实施发挥着积极的作用。这不仅有助于提升职业教育质量和社会认可度，还能够促进就业和经济发展、规范职业培训市场，对于推动印度尼西亚职业教育事业的持续发展具有重要意义。

（三）职业资格认证

印度尼西亚 2012 年第 8 号总统令为印度尼西亚设立了国家资格框架（Indonesian National Qualification，IQF），这为该国职业教育质量保障体系带来了深远的影响。国家资格框架通过提供统一的资格标准、强调学习成果的重要性、支持学分转换和学习成果认定、加强行业参与等措施，为印度尼西亚职业教育提升质量、增强针对性和灵活性，以及提高社会认可度奠定了坚实的基础。有关印度尼西亚国家资格框架的内容将在本章第四节详细论述。[①]

四、与职业教育教师相关的法规

为了提高教育质量，印度尼西亚政府于 2005 年通过了《教师法》。这是一个旨在提高教师素质的综合法案，规定了教师专业性的地位、工作原

---

① 资料来源于《印度尼西亚国家资格框架》。

则、必备的资格和能力、资格认证、专业发展等。根据该法，印度尼西亚职业教育教师拥有了法定的地位，且必须具备法定的资格和能力。同时，该法也为印度尼西亚职业教育教师的专业发展提供了依据。

为了进一步强化对教师资格的要求，印度尼西亚原国民教育部（现教育、文化、研究和技术部）部长于2007年签署了第16号法案《教师学历与专业标准》，该法案对各级各类学校教师的学历和能力进行了详细规定，其中也包括对职业教育教师学历和能力的相关规定，详细内容见第五章第一节。

第三节　职业教育的行政管理

印度尼西亚的职业教育体系展现了一个从中央到地方的、政府机构与社会组织协同运作的完善结构。这一结构不仅确保了职业教育政策的连贯性和一致性，同时也为职业教育的发展和质量提升提供了坚实的组织保障。

一、中央层级的引领与规划

在印度尼西亚的职业教育体系中，中央层级起着至关重要的引领和规划作用。作为引领国家职业教育发展的中央层级的核心机构，职业教育总局在政策制定、资源整合、质量保障和国际合作等方面发挥着不可替代的作用。

职业教育总局隶属于印度尼西亚教育、文化、研究和技术部，是其下属的一个重要分支机构，承担着全国范围内职业教育的管理和发展职责。该局负责制定和实施职业教育政策，管理中等职业学校、高等职业教育机构和培训中心，开发符合行业需求的课程，提升职业教育教师的素质，促进与企业和工业界的合作，以及推动职业教育的创新和发展。

2021年，印度尼西亚发布了《教育、文化、研究和技术部组织和工作程序条例》，职业教育总局根据该条例进行了机构改革，由原来的五个部门扩大到六个部门，分别是秘书处（Sekretariat Cotjen Pendidikan Vokasi）、职业高中教育局（Direktorat Sekolah Menengah Kejuruan）、课程和培训局（Direktorat Kursus dan Pelatihan）、高等职业教育学术局（Direktorat Akademik Pendidikan Tinggi Vokasi）、高等职业教育机构和资源局（Direktorat Kelembagaan dan Sumeer Daya Pendidikan Tinggi Vokas）、工商业界合作关系协调局（Direktorat Kemitraan dan Penyelarasan Dunia Usaha dan Dunia Industri）。这些部门的设置确保了职业教育总局能够全面覆盖职业教育的各个领域，实现政策的精准实施和资源的有效配置。此外，职业教育总局下辖7所负责职业教育质量保障的技术实施单位（unit pelaksana teknis）、44所州立理工学院和5所州立社区学院。职业教育总局的组织结构如图4.1所示。

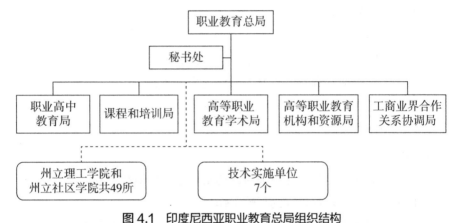

图 4.1　印度尼西亚职业教育总局组织结构

资料来源：印度尼西亚教育、文化、研究和技术部网站。

职业教育总局的具体职能有以下几个方面。[1]

（1）制定和实施职业教育、技能培训和就业培训领域的政策。

（2）协调和同步实施高等职业院校科学技术领域的政策，以保障高等教育的教学、科研、社会服务三大职能。

（3）制定职业教育和技能培训与就业培训在学生、教学、基础设施、治理和评估方面的规范、程序和标准。

（4）制定职业教育和技能培训与就业培训中职业教师、其他职业教育工作者和职业教育工作人员职业能力建设的规范、程序和标准。

---

① 资料来源于印度尼西亚教育、文化、研究和技术部网站。

（5）实施职业教育和技能培训与就业培训在学生、教学、基础设施、治理和评估方面的标准和质量保障政策。

（6）实施高等职业教育在教学、学生事务、机构和资源方面的政策。

（7）为实现高等教育三大职能，执行高等职业院校科学技术领域的政策。

（8）实施高等职业教育在职业教师、其他职业教育工作者和职业教育工作人员职业能力建设方面的政策。

（9）为职业教师、其他职业教育工作者和职业教育工作人员的职业能力建设提供便利。

（10）对职业教育和技能培训与就业培训中的学生、教学、基础设施、治理和评估进行技术指导和监督。

（11）对职业教育和技能培训与就业培训中的职业教师、其他职业教育工作者和职业教育工作人员的职业能力建设进行技术指导和监督。

（12）实施职业教育与工商业的合作与协调政策。

（13）制定关于由外国代表处或外国机构、社会团体和外国代表处或外国机构合作创建的职业教育和技能培训与就业培训机构、高等职业院校的审批规定。

（14）对职业教育和技能培训与就业培训进行评估和报告。

（15）承担职业教育总局的行政工作。

（16）履行教育、文化、研究和技术部部长交办的其他职责。

二、省级层面的协调与对接

省级层面的行政管理在职业教育体系中扮演着协调与对接的角色。省级教育厅（Dinas Pendidikan Provinsi）下属的职业高中管理处（Bidang Sekolah Menengah Kejuruan）负责管理职业高中。[①]省级教育厅的职能包括与中央进行有效的沟通和对接，确保中央政策在地方层面的有效实施。同时，省级教育厅还负责协调地方政府与职业教育机构之间的关系，为职业教育的发展提供必要的支持和保障。

---

① 资料来源于印度尼西亚教育、文化、研究和技术部网站，以及印度尼西亚爪哇省教育厅网站和印度尼西亚中巴布亚省教育厅网站。

三、县（市）级层面的执行与指导

在县（市）级层面，由教育局和技术实施单位共同负责课程和培训机构的管理与发展。这一层面直接面对职业教育机构，负责具体的执行和指导工作。通过制定和执行相关政策，县（市）级教育局和技术实施单位为职业教育机构提供了必要的支持和帮助，确保了职业教育政策在地方层面的有效落实。

综上所述，印度尼西亚职业教育的行政管理框架展现了一个从中央到地方的体系，这一体系不仅确保了职业教育政策的连贯性和一致性，同时也为职业教育的发展和质量提升提供了坚实的组织保障。在未来的发展中，印度尼西亚应继续加强各级机构之间的沟通与协作，推动职业教育体系的不断完善和发展。

第四节　职业教育的质量标准与保障

印度尼西亚是一个劳动力资源丰富的国家，发展职业教育是充分利用丰富的劳动力资源，适应和满足经济、科技新发展对高素质技术技能人才的需要的重要途径。要想发挥职业教育应有的作用，其质量保障十分重要。印度尼西亚政府意识到了这一点，并建立了比较完善的质量保障体系，由专门机构根据专门的质量标准进行认定。

一、印度尼西亚国家资格框架

印度尼西亚国家资格框架是用于衡量劳动力资格和认证劳动力能力级别的工具，反映了国家教育系统的成果，以及从事产业生产的劳动力资源的职业发展方向。它将教育机构和工作经验要求纳入特定职业的能力确认计划，还适当地对印度尼西亚的劳动力素质和个性提出要求。

印度尼西亚国家资格框架是一个系统化的能力认证体系，将职业资格细分为 9 个级别，明确规定了知识体系、技能掌握程度和能力标准，从而实现教育、职业培训和工作经验的有效衔接。国家资格框架的 9 个级别可归为三大类别：1—3 级主要是侧重于实际操作与技能执行的操作员，4—6 级主要是需要深入进行技术分析与解决问题的技术员，7—9 级则主要是对高级专业知识、领导力及创新能力有高度要求的技术专家。该资格框架通过结构化的分类体系，确保了教育体系、职业培训和职业发展的无缝衔接，提升了劳动力市场效率，推动了国家整体竞争力的增强。同时，该框架将不同教育阶段的学习成果与相应的资格水平进行等同化（见图 4.2），使学生能够获得资格认证，为职业生涯奠定基础，促进教育成果的认可和职业发展道路的多样化。

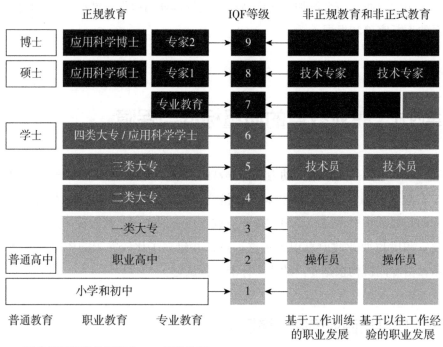

图 4.2 印度尼西亚国家资格框架

资料来源：《印度尼西亚国家资格框架》。

总的来说，这一等同化机制旨在确保教育成果与职业能力的有效对接，使个人能够根据自身教育经历在国家资格框架中找到相应的位置，并明确未来的职业发展路径。同时，这也为企业和机构提供了评估和选拔人才的统一标准，促进了人才的合理流动和有效配置。

职业培训在印度尼西亚国家资格框架中也占据重要地位。个人可以通过不同层次的职业培训进一步提升自身技能水平，获得与国家资格水平相对应的级别认证。这种等同化机制有助于打破教育与职业之间的壁垒，促进人才的自由流动和职业发展。

此外，工作经验在印度尼西亚国家资格框架中同样得到重视。根据工作领域、工作经验以及教育和职业培训的水平，个人可以获得与国家资格水平相应的认证。这种等同化机制不仅鼓励个人通过实践积累经验，也为企业提供了更加灵活和多样的人才选拔方式。

在全球化时代，劳动力的跨国流动愈加频繁。印度尼西亚国家资格框架明确规定了资格水平等级，能与世界其他国家和地区的资格水平等级实现对接转换；同时，该资格框架还注重与其他国家或地区资格框架的相互认证与转换。通过双边或多边合作，印度尼西亚国家资格框架得以在全球范围内推广和应用，为跨国人才流动和合作提供了便利。这种国际化的视野和合作机制有助于提升印度尼西亚国家资格框架的权威性和影响力。

综上所述，印度尼西亚国家资格框架通过明确和标准化的资格水平等级，实现了教育、职业培训和工作经验之间的有效衔接，将正规教育、非正规教育、非正式教育以及工作经历的学习成果与职业资格等同起来。它不仅有助于个人职业发展，也为企业和机构提供了统一的人才评估和选拔标准。同时，印度尼西亚国家资格框架的国际化视野和合作机制使其在全球范围内更具广泛的应用前景。

印度尼西亚国家资格框架也可以作为一种评估标准，为国家专业协会确定新成员提供依据，并用于考查成员晋升至更高级别时所具备的能力或专业知识水平。政府机构、行业、企业和其他机构，也将印度尼西亚国家资格框架作为更全面的招聘标准。

印度尼西亚国家资格框架还可以为管理正规和非正规经济部门劳动力资源提供参考。由于正规教育、非正规教育和非正式教育培养出的人才质量具有多样性，印度尼西亚国家资格框架作为所有培训和课程提供者的唯一参考，发挥着重要作用，引导各种途径的职业教育培养合格的劳动力资源，并将失业人口培养成为潜在劳动力。如果职业教育机构提供的教育内容或学习成果被证明不符合印度尼西亚国家资格框架的要求，则需要根据国家资格框架要求进行内部改进。同时，印度尼西亚国家资格框架也是印度尼西亚企业对现有员工进行评估的依据，那些没有达到资格水平的员工可以通过参加符合 IQF 要求的教育或培训来获得相应的职业资格。

印度尼西亚的国家资格框架与学习成果认定机制相结合，不仅可以实现正规教育体系内的学习成果的转化，将学术教育的学习成果转化为职业教育的学习成果，同时还能将通过正规教育体系之外的职业培训和工作经验获得的学习成果认定成为正规教育体系内的学习成果，并以此作为升学的依据。例如，通过工作经验获得职业技能的职业高中毕业生可直接学习二类大专的课程。学习成果认定机制最大程度认定资格等级的体系如图 4.3 所示。

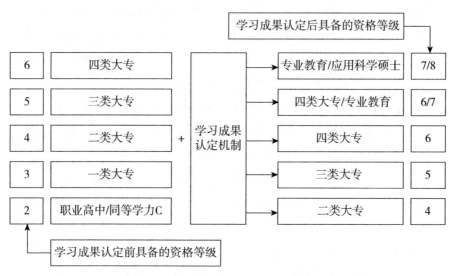

图 4.3　学习成果认定机制最大程度认定资格等级的体系

正因为有学习成果认证机制的存在，技术专家即使不持有硕士或博士学位，也可以到高等教育机构授课。学习成果认证机制还允许学生在正规教育系统中加快学习过程——如果学生已经具备了相关的能力，则可以免修涉及这些能力的学习模块。

二、职业教育质量标准与保障

印度尼西亚为了保障职业教育的质量，将国家资格框架作为最根本的依据，开发了职业教育质量标准，为执行此标准建立了职业教育质量保障机构，并规划了职业教育质量认证程序。

（一）职业教育质量标准

为了保障职业教育的质量，依据《印度尼西亚国家资格框架》，印度尼西亚于 2013 年开发了职业教育质量框架，并于 2014 年开始实施。[1] 印度尼西亚职业教育质量框架由四个部分组成：第一个部分是职业教育机构质量标准，概述了印度尼西亚职业教育机构提供的教育服务应达到的质量标准；第二个部分是职业教育机构认证材料指南，说明了申请质量认证的职业教育机构需要提交的材料；第三个部分是认证评估员检查表，说明了认证评估员评估职业教育机构的教育质量所要做的准备；第四个部分是认证能力单元，规定了认证评估员在评估职业教育机构是否符合职业教育机构质量标准时所应用的技能、知识和态度。

印度尼西亚职业教育质量框架的实施，保证职业教育机构能够专注于提供高质量的教育和评估服务，使职业教育的学习者都能够接受到为满足其个性和需求而量身定制的行业教育服务，并能够平等地获得国家职业资格证书。学习者可以信赖他们所接受的教育服务的质量以及证书的有效性和相关性。行业和监管机构也确信职业教育机构能够提供高质量的教育和评估服务，培养出的毕业生符合国家资格和国家职业能力标准或基于其他标准的特定职业教育计划中规定的技能、知识和态度的要求。

印度尼西亚职业教育质量框架包括八个质量标准，分别是工作能力（使用国家工作能力标准和其他标准）、结构化课程、培训材料、管理制度（培训中心管理）、工作人员资格（教师和培训人员）、设施和设备、财务管理和评估，每个标准都分为若干子标准。对于每个标准都有一个简短的

---

[1] 资料来源于东南亚职业教育网。

描述，用以说明该标准对职业教育机构的重要性，见表 4.1。

表 4.1　印度尼西亚职业教育质量框架的八个质量标准

序号	标准	描述
标准 1	工作能力	根据国家资格框架或其他能力认证要求提供职业教育
标准 2	结构化课程	职业教育机构的课程应是基于国家资格标准的结构化课程，并开发相应的教材
标准 3	培训材料	职业教育机构采用适合其服务范围的教育材料和教育流程
标准 4	管理制度	职业教育机构有一个支持其当前和预期操作范围的管理系统
标准 5	工作人员资格	职业教育机构有合适的员工胜任其工作
标准 6	设施和设备	职业教育机构配有足够的设施和设备
标准 7	财务管理	职业教育机构有稳定的资金来源
标准 8	评估	职业教育机构提供高质量的技能评估，使学习者能够明确自己的能力水平或获得培训成果

　　印度尼西亚职业教育质量框架的附录中还提供了一些文件的模板，以帮助职业教育机构填写质量认证申请文件。附录一是质量标准和准则，附录二是申请认证的职业教育机构认证材料指南，附录三是申请认证的职业教育机构的申请表和自我评估清单，附录四是用来帮助职业教育机构准备认证的评估事项清单，附录五是帮助认证评估员判断认证申请人提供的认证材料的工作指南，附录六是一套国家认可的认证评估员能力标准。

　　印度尼西亚职业教育质量框架不仅强调对正规职业教育机构的认证，而且还重视对非正规教育计划和非正式教育计划及相关教育机构的认证。为了确保质量保障制度的一致性，印度尼西亚从国家层面到地区层面实施了一系列的政策。首先，发展区域合作，制定资格认证标准，并在负责认证的国家机构实施这些标准；其次，国家机构通过行业和政府的参与，加快实施国家资格认证标准；最后，开展区域质量保障基准测试，采用调整区域质量标准的方式，提高国家质量保障标准。

（二）职业教育质量保障机构

印度尼西亚非常重视对职业教育的质量认证和能力认证，成立了负责质量认证和能力认证的机构，主要包括国家专业认证委员会、国家学校/宗教学校认证委员会、国家高等教育认证委员会和职业培训中心认证机构等。

（1）国家专业认证委员会是印度尼西亚人力部授权的人事认证机构，承担印度尼西亚所有专业领域人员的工作能力认证。国家专业认证委员会的建立，保障了印度尼西亚劳动力的质量，有助于提高国家竞争力。作为工作能力认证机构，国家专业认证委员会的主要任务就是向符合工作能力认证要求的专业机构颁发许可证，制定相关的标准和程序，监督专业机构的运行。国家专业认证委员会提供的认证几乎涵盖了印度尼西亚现有的全部专业领域，其认证标准是印度尼西亚最可信的专业能力标准，在国际上也得到了认可。

（2）国家学校/宗教学校认证委员会是印度尼西亚教育、文化、研究和技术部授权的教育评估机构，它参考国家教育标准对包括职业高中在内的中小学进行评估。国家学校/宗教学校认证委员主要负责确立高效的教育认证体系，开发高质量的认证工具和机制，培养认证管理者和实施者，开发认证信息平台，与其他国家认证机构建立合作关系，以确保教育的质量。

（3）国家高等教育认证委员会是印度尼西亚教育、文化、研究和技术部唯一授权的对高等教育进行认证的机构。在国家高等教育认证委员会成立之前，对高等教育的认证通常仅适用于私立大学。1994年，印度尼西亚为了保证高等教育的质量和效率，成立了国家高等教育认证委员会，此后所有公立大学同私立大学一样需要进行质量的认证。国家高等教育认证委员会的建立表明了印度尼西亚政府在推动高等教育建设、服务社会利益、推动科技进步，提高人民生活水平、丰富国民文化方面的意愿和努力。国家高等教育认证委员会的认证是对高等教育最低标准的保证，以确保高等教育机构的毕业生具备接受更高水平教育或进入专业化教育的资格，或者能够进行专业实践。

（4）职业培训中心认证机构是印度尼西亚教育、文化、研究和技术部在职业培训机构认证委员会（Komite Akreditasi Nasional Lembaga Pelatihan Kerja，KA–LPK）的建议下，为执行职业教育机构认证程序而成立的独立机构。职业培训中心认证机构的总部设在首都雅加达，每个省均设有分部。职业教育机构需要在线向职业培训中心认证机构申请认证，后者则根据印度尼西亚国家资格框架对职业教育机构进行认证审核。

综上所述，印度尼西亚的职业教育质量保障机构一般分为两种，一种隶属于人力部，一种隶属于教育、文化、研究和技术部。这两种职业教育质量保障机构在选用的能力标准、教育与培训、质量认证上都有很大差别，详见图4.4。

图4.4 印度尼西亚职业教育质量保障机构类别

（三）职业教育质量认证程序

质量认证是按照教育、文化、研究和技术部制定的标准对职业教育机构提供的教育服务质量进行的独立评估。职业教育机构既可以根据国家资格框架或基于其他标准的特定计划开展职业教育，也可以根据国际标准、特殊标准或地方标准等获得提供职业教育和培训的资格。

申请质量认证的职业教育机构应将准备好的书面文件递交给省级认证机构，同时附上认证申请表。省级认证机构认证评估小组审查收到的书面文件和申请表后，将组织现场考察，检查设施并采访关键员工。通常，如果职业教育机构能够提供"必须提交"的文件，就足以达到标准。若未能提供所有"必须提交"的文件，则还需要提交额外的材料。

印度尼西亚职业教育质量认证程序如图4.5所示。

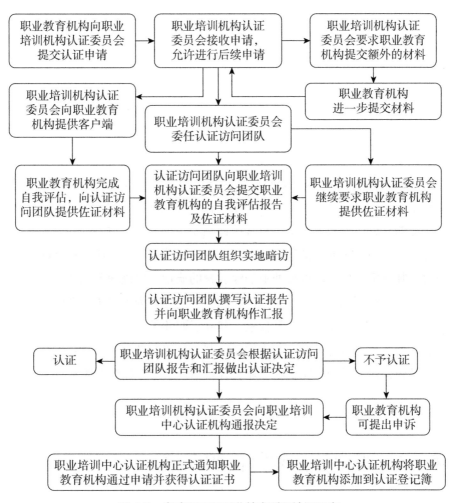

图4.5 印度尼西亚职业教育质量认证程序

第五章
职业教育教师治理

自 2000 年以来，印度尼西亚政府意识到，需要依托职业教育培养熟练技术工人，以促进国家经济的持续增长、实现国家的发展目标。然而，印度尼西亚的职业教育在实施过程中面临着各种障碍，教师的数量和质量问题就是其中一个典型的问题。如何建立一支数量充足、质量良好的职业教育教师队伍，保障印度尼西亚职业教育的质量，促进国家经济目标的实现，是印度尼西亚职业教育领域面临的一个问题。为了解决这个问题，印度尼西亚政府经过不断实践和探索，建立了职业教育教师资格认定制度，完善了职业教育教师教育与培训体系，制定了职业教育教师教育课程等一系列措施，建立了较为完备的职业教育教师资格与教师教育体系。

第一节　职业教育教师任职资格

印度尼西亚《教师法》《教师学历与专业标准》《关于职业高中的国家教育标准——教师与教育工作者标准》等法律法规从学历、能力和资格认证等方面对职业教育教师的任职资格做出明确规定。印度尼西亚职业教育教师必须身心健康，具备相应的学历，具备实现国家教育目的的能力，同时应通过教师资格认证。

一、印度尼西亚职业教育教师的分类

鉴于职业教育的特殊性，印度尼西亚将职业教育教师分为学科教师和职业技术指导员两大类。

（1）学科教师负责课程科目的课堂教学，又可分为规范型教师、适应型教师和生产型教师三个类别，见表5.1。

表 5.1　学科教师

类别	特点	主要任务	教授课程
规范型教师	教授个人生活和社会生活规范的教师	将学生塑造成为合格的印度尼西亚公民和世界公民，使他们能够在个人生活和社会活动中和谐发展	适用于职业学校所有专业的公共课程，例如宗教教育、公民教育、文化艺术、体育与健康、印尼语等
适应型教师	教授科学技术的基本概念和原则的教师	将学生培养成拥有广泛而坚实的知识基础，能够适应社会环境和工作环境的变化，并能够使自身随着科学、技术和艺术的变化获得发展的个体	所授课程使学生既能够理解工作的内容和方式，还能够理解和掌握工作的原理，例如数学、信息和通信技术、生物、物理、化学、经济学、社会学、人类学、地理、历史、外语等
生产型教师	根据职业高中对毕业生的能力要求教授课程，同时具备理论能力和实践能力	根据《印度尼西亚国家工作能力标准》培养学生，使学生具备必要的工作能力，成为符合行业特定岗位需求的合格技术工人	各专业领域的专业性课程

（2）职业技术指导员是来自企业或其他生产一线的技术人员，负责在生产现场指导学生提高职业技术技能。职业技术指导员虽然不是学校内部的教育工作者，不属于严格意义上的职业学校教师，但是他们为学生提供

的生产现场指导是印度尼西亚职业教育中非常重要的环节，因此印度尼西亚将其列入职业教育教师的范畴。

印度尼西亚对职业教育教师的类别划分，反映了该国对职业教育教师专业能力和职业资格的重视。这种分类制度旨在确保教师具备相应的专业知识、技能和素质，从而提高职业教育的整体质量和水平。

二、印度尼西亚职业教育教师的学历要求

印度尼西亚的职业教育分为等同于高中阶段的中等职业教育、等同于高等教育阶段的高等职业教育。印度尼西亚对职业教育教师的学历要求，既要符合高中教师和高等学校教师的学历要求，又要体现出职业教育教师学历的特殊性。

印度尼西亚对职业教育的学科教师有如下学历要求：中等职业教育教师的最低学历为四年制本科或四类大专，有学士学位，所学专业要与所教授课程相符；高等职业教育教师要有硕士研究生学位或博士研究生学位。

另外，在专业技术领域有卓越成就的人，无论其学历是否满足以上要求，都可以被聘用为职业教育教师。因此，印度尼西亚职业高中的部分教师的学历低于四年制本科或四类大专，私立职业高中这部分教师所占的比例大于公立职业高中。例如，2022—2023学年私立职业高中这类教师约占其教师总人数的4.99%，而公立职业高中这类教师约占其教师总人数的1.43%，见表5.2。这说明，在专业技术领域成就突出的情况下，印度尼西亚对职业教育教师的要求并不完全拘泥于学历，体现出了该国职业教育教师的特殊性。

印度尼西亚对于职业技术指导员的学历要求相对较为宽松。以中等职业学校的职业技术指导员为例，只要拥有相关职业领域的中等职业学校毕业证书，并且具有3年以上相关行业工作经验即可。此外，通过学习成果认证机制达到印度尼西亚国家职业能力标准第四级，并获得由国家或国际认可的认证机构颁发的技能证书者，也可以成为中等职业学校的职业技术指导员。

表 5.2　2022—2023 学年印度尼西亚职业高中教师学历情况

学历	公立职业高中／人	私立职业高中／人
低于四年制本科或四类大专	2 376	8 517
四年制本科或四类大专及以上	164 101	162 282
总计	166 477	170 799

资料来源：印度尼西亚教育、文化、研究和技术部网站。

三、印度尼西亚职业教育教师的能力要求

高素质的职业教育教师是实现高质量职业教育的基本保障。印度尼西亚实施了教师专业标准体系，确立了职业教育教师能力体系，不仅有力地保证了职业教育教师的高素质，而且对规范职业教育教师的培养也具有十分重要的意义。

印度尼西亚职业教育教师专业标准体系主要由教育能力、个人修养、社会能力和专业能力 4 个领域构成，共包括 24 项核心能力、71 项具体要求，如图 5.1 所示。

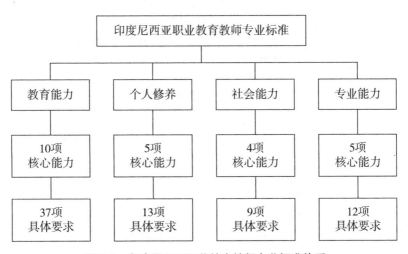

图 5.1　印度尼西亚职业教育教师专业标准体系

（一）教育能力

教育能力在印度尼西亚职业教育教师专业标准体系中居于首要位置，也是职业教育教师专业能力的一个关键领域。教育能力领域包含 10 项核心能力、37 项具体要求，见表 5.3。

教育能力领域把"了解学生在身体、道德、精神、社会、文化、情感和智力上的特征"和"掌握学习理论和教与学的原则"两项核心能力放在首位，突出了印度尼西亚职业教育"以学生为中心"的特点，明确了课程开发、教育活动组织、教育评价、师生互动和教学手段使用等教育能力的基本理念。因此，对于印度尼西亚职业教育教师来说，了解学生的基本特征，掌握学生学习理论，掌握教与学的原则，是顺利进行职业教育工作的前提条件和根本要求。

表 5.3　印度尼西亚职业教育教师专业标准体系中的教育能力

核心能力	具体要求
1. 了解学生在身体、道德、精神、社会、文化、情感和智力上的特征	1.1 了解学生在身体、道德、精神、社会、文化、情感和智力上的特征； 1.2 识别学生在所教科目中的潜力； 1.3 了解学生在所教科目中的起点水平； 1.4 识别学生在所教科目中的学习困难
2. 掌握学习理论和教与学的原则	2.1 了解与学科相关的各种学习理论、教与学的原则等； 2.2 应用各种方法、策略和学习技术，在所教科目中开展创造性教育
3. 开发与所教科目相关的课程	3.1 了解课程开发的原则； 3.2 确定所教科目的教学目标； 3.3 确定适当的教学计划以实现教学目标； 3.4 选择与教学计划和教学目标相关的教学材料； 3.5 根据所选择的方法和学习者的特点，正确安排教学材料； 3.6 确定评估指标和评估工具
4. 组织有意义的教育活动	4.1 了解教学设计的原则； 4.2 开发教学设计组件； 4.3 为课堂、实验室和现场活动制订完整的学习计划； 4.4 在保障安全的情况下，在教室、实验室和现场开展教学活动； 4.5 使用与学习者特点和所教科目相关的学习媒体和学习资源，以实现整体教学目标； 4.6 根据发展情况在教学中做出及时决策

核心能力	具体要求
5. 使用信息和通信技术帮助学习者学习	在教学中利用信息和通信技术
6. 促进学习者潜能的开发	6.1 提供多种学习活动，鼓励学习者取得最佳表现； 6.2 提供各种学习活动，以发挥其潜力，包括其创造力
7. 以有效、共情和礼貌的方式与学习者沟通	7.1 了解口头、书面和 / 或其他形式的各种有效、共情和礼貌的沟通策略； 7.2 在互动中与学习者进行有效、共情和礼貌的沟通。包括： （a）准备与学习者的心理状况相符的教育活动 / 游戏； （b）邀请学习者参与； （c）观察学习者对教师邀请的反应； （d）根据学习者的反应与其进行更深入的沟通
8. 组织评估和检测学习过程与学习成果	8.1 了解根据所教科目的特点对学习者的学习过程和成果进行评估和检测的原则； 8.2 根据所教科目的特点，确定学习者学习过程和成果中需要评估和检测的重要方面； 8.3 确定评估和检测学习过程和成果的程序； 8.4 为学习过程和成果开发评估和检测工具； 8.5 使用各种工具对学习过程和成果进行持续评估； 8.6 针对不同目的，分析并评估学习过程和成果； 8.7 评估学习过程和成果
9. 利用评估和检测结果促进学习	9.1 利用评估和检测结果确定学习完整性； 9.2 根据评估和检测结果改进教学方案； 9.3 向利益相关者传达评估和检测结果； 9.4 根据评估和检测结果提高学习者的学习质量
10. 采取反思行动，提高教学质量	10.1 反思经验教训； 10.2 根据反思的结果改进和提升所教科目的教学质量； 10.3 进行课堂行动研究，以提高所教科目的教学质量

资料来源：《教师资格与能力标准》。

教育能力领域的第 3—10 项核心能力是关于职业教育教师对职业教育的目标、内容、方法与途径、策略等方面的理解和运用能力。这几项核心能力要求印度尼西亚职业教育教师能够根据学生需要开发职业教育课程，能够有计划、有目的地组织职业教育活动，突出职业教育特点，充分考虑到课堂、实验室和工作现场的一体化以及各种操作安全。职业教育教师还要能够在考虑到学生学习特点的基础上，提供多种教学活动和教学方式，以此来开发学生的潜力和创造力。另外，职业教育教师要能够组织教育评估与检测，还要成为反思型的职业教育实践者，把反思作为职业教育教师的专业职责，在反思经验教训和改进教学的过程中实现自身的专业成长，达到最终促进学生学习与发展的目的。可以说，第 3—10 项核心能力有效地指导了职业教育教师的工作实践，是他们教育能力形成的基石。

教育能力是印度尼西亚职业教育教师专业标准体系 4 个领域中内容最多的部分，与职业教育教师工作实践密切相关。因此，职业教育教师在教育教学过程和专业发展过程中，应重点参考该领域的 10 项核心能力及 37 项具体要求来提升自身的教育能力。

（二）个人修养

个人修养是印度尼西亚职业教育教师专业标准体系的一个重要领域，包括 5 项核心能力、13 项具体要求，涉及职业教育教师个人对教师职业的理解和认识，见表 5.4。

表 5.4　印度尼西亚职业教育教师专业标准体系中的个人修养

核心能力	具体要求
1. 根据印度尼西亚的宗教、法律、社会和文化规范进行教育活动	1.1 尊重学生，不论其信仰、种族、习俗、籍贯和性别； 1.2 根据社会中普遍存在的宗教、法律和社会规范以及印度尼西亚多样化的民族文化行事
2. 将自己塑造成一个诚实、高尚的人，并为学生和社会树立榜样	2.1 诚实、果断、人道地行事； 2.2 表现出虔诚的信仰和高尚的品格； 2.3 具备学生和周边社区成员可以效仿的品格
3. 将自己塑造成一个稳重、成熟、睿智和具有权威的人	3.1 将自己塑造为一个稳重的人； 3.2 将自己塑造为一个成熟、睿智和具有权威的人
4. 表现出良好的职业道德、高度的责任感，以及作为教师的自豪感和自信心	4.1 表现出高度的职业道德和责任感； 4.2 相信自己并以成为一名教师为荣； 4.3 以专业的方式独立工作
5. 遵守教师职业道德规范	5.1 了解教师职业道德规范； 5.2 将职业道德规范应用于教师职业； 5.3 按照教师职业道德规范行事

资料来源：《教师资格与能力标准》。

个人修养领域的第 1 项"根据印度尼西亚的宗教、法律、社会和文化规范进行教育活动"指出了印度尼西亚职业教育教师从事教育事业、履行教师职责时应当遵守的基本规则。第 2 项"将自己塑造成一个诚实、高尚的人，并为学生和社会树立榜样"和第 3 项"将自己塑造成一个稳重、成熟、睿智和具有权威的人"不仅是对职业教育教师个人道德修养的要求，也是对教师为人师表的要求。第 4 项"表现出良好的职业道德、高度的责任感，以及作为教师的自豪感和自信心"和第 5 项"遵守教师职业道德规范"是对职业教育教师在职业道德上的宏观要求，对职业教育教师应具备的职业道德做了总体上的规定。

（三）社会能力

社会能力是进行社会活动的重要条件，也是探索职业教育路径与手段的重要能力。社会能力领域包括 4 个核心能力、9 个具体要求，见表 5.5。

表 5.5　印度尼西亚职业教育教师专业标准体系中的社会能力

核心能力	具体要求
1. 具有包容性，客观行事，不因宗教、种族、性别、身体状况、家庭背景和社会经济地位而歧视他人	1.1 在教学过程中，以包容和宽容的态度对待学生、同事和学校环境； 1.2 不因宗教、种族、性别、身体状况、家庭背景和社会经济地位的差异而歧视学生、同事、家长和学校环境
2. 能够与教育工作者、学校其他工作人员、家长和其他社会人士进行有效、共情和礼貌的沟通	2.1 以礼貌、共情和有效的方式与同事和其他人员交流； 2.2 以礼貌、共情和有效的方式与学生家长和其他社会人士沟通学生的学习计划； 2.3 让家长和其他社会人士参与学习计划以帮助学生克服学习困难
3. 能够适应印度尼西亚各地区工作场所的不同社会文化背景	3.1 适应工作环境，以提高教育工作的效率； 3.2 在不同工作环境中实施各种计划，以发展和提高相关领域的教育质量
4. 能够以口头、书面或其他方式与本专业或其他专业团体进行沟通	4.1 通过各种媒介与同行、科学界和其他专业团体交流，以提高学习质量； 4.2 以口头、书面或其他形式向各专业团体传达学习创新的成果

资料来源：《教师资格与能力标准》。

印度尼西亚是一个社会文化多元的国家，职业教育教师在教育工作中需要面对不同文化背景的学生，因此教师的社会能力尤其重要。职业教育教师应能够包容教育工作对象和相关人群，以及涉及的校园文化，平等对待每一个学生、家长和同事，客观地看待不同的校园文化，做到公平公正，不歧视。

职业教育教师还要具备较强的沟通能力，不仅要与学生形成合作式的师生互动，还要与家长和社区建立教育合作关系，要通过与同事、同行和相关人士进行沟通和交流来提升自身的专业水平。因此，职业教育教师必须能与不同文化背景的学生、家长、同事、同行，以及与职业教育相关的其他科学研究者和社会人士进行良好的交流与沟通，以适应不同文化背景下的工作环境。

（四）专业能力

印度尼西亚职业教育教师专业标准中，高度重视专业能力。专业能力直接影响职业教育的质量，也反映了教师在职业教育实践中表现出的专业化发展的程度。专业能力要求职业教育教师掌握所教授课程的内容和学习目标，能够根据学生学情和发展需求提供学习内容，能够通过反思形成可持续的专业发展，能够利用信息技术和通信技术实现自我发展。专业能力领域包括 5 项核心能力，第 1 项核心能力涵盖了对各类职业教育学科教师课程教学能力的要求，第 2—5 项核心能力共包括 11 项具体要求，主要是对专业课程教学能力和反思能力提出了综合要求，见表 5.6。

表 5.6　印度尼西亚职业教育教师专业标准体系中的专业能力

核心能力	具体要求
1. 掌握所教授课程的材料、结构、概念和科学思维方式	规范型教师、适应型教师和生产型教师三类学科教师应根据所教授课程而具备不同的课程教学能力
2. 了解所教授课程的能力标准，掌握基本能力	2.1 了解所教授课程的能力标准； 2.2 了解所教授课程的基本能力； 2.3 理解所教授课程的学习目标

核心能力	具体要求
3. 创造性地开发引导学生学习的材料	3.1 根据学生的发展水平选择教学材料; 3.2 根据学生的发展水平创造性地处理教学材料
4. 通过反思,以可持续的方式发展专业精神	4.1 不断反思自己的表现; 4.2 在专业改进的背景下利用反思的结果进行实践; 4.3 进行课堂行动研究以提高专业水平; 4.4 与时俱进,多方学习
5. 利用信息和通信技术实现自我发展	5.1 利用信息和通信技术进行交流; 5.2 利用信息和通信技术进行自我发展

资料来源:《教师资格与能力标准》。

如果职业教育教师能深入理解和领悟专业能力领域的要求,并用以辅助实践,他们的专业化水平会进一步提高,进而会促使印度尼西亚职业教育质量的全面提升。

职业教育教师专业能力领域中最重要的一项核心能力是课程教学能力,即"掌握所教授课程的材料、结构、概念和科学思维方式"。印度尼西亚职业教育规范型教师和适应型教师的课程教学能力要求分别见表5.7和表5.8。

表 5.7 印度尼西亚职业教育规范型教师的课程教学能力要求

课程	课程教学能力

宗教教育	1. 伊斯兰教宗教教育教师的能力
	  1.1 阐释与伊斯兰教宗教教育相关的材料、结构、概念和科学思维方式;
	  1.2 分析与伊斯兰教宗教教育相关的材料、结构、概念和科学思维方式
	2. 基督教宗教教育教师的能力
	  2.1 阐释与基督教宗教教育相关的材料、结构、概念和科学思维方式;
	  2.2 分析与基督教宗教教育相关的材料、结构、概念和科学思维方式
	3. 天主教宗教教育教师的能力
	  3.1 阐释与天主教宗教教育相关的材料、结构、概念和科学思维方式;
	  3.2 分析与天主教宗教教育相关的材料、结构、概念和科学思维方式
	4. 印度教宗教教育教师的能力
	  4.1 阐释与印度教宗教教育相关的材料、结构、概念和科学思维方式;
	  4.2 分析与印度教宗教教育相关的材料、结构、概念和科学思维方式
	5. 佛教宗教教育教师的能力
	  5.1 阐释与佛教宗教教育相关的材料、结构、概念和科学思维方式;
	  5.2 分析与佛教宗教教育相关的材料、结构、概念和科学思维方式
	6. 儒教[①]教育教师的能力
	  6.1 阐释与儒教教育教学相关的材料、结构、概念和科学思维方式;
	  6.2 分析与儒教教育教学相关的材料、结构、概念和科学思维方式

课程	课程教学能力
公民教育	1. 了解支持公民教育课程的材料、结构、概念和科学思维方式； 2. 了解公民教育的实质，包括公民知识、公民性格和价值观、公民技能，展示公民教育的目的
文化艺术	1. 支持文化艺术（美术、音乐、舞蹈、戏剧）的学习和技能的应用； 2. 分析与文化艺术相关的材料、结构、概念和科学思维方式
体育与健康	1. 从哲学层面了解体育教育的意义； 2. 了解体育教育史； 3. 了解人体解剖学，认识人体组织结构和机体功能，并了解运动机能学和人体生命活动规律； 4. 了解人体生理学，分析各方面因素对运动表现的影响； 5. 分析人类行为的心理原因，包括动机和目标、焦虑和压力、自我认知等因素； 6. 从社会学角度分析自我行为，包括伦理和道德行为，以及文化、种族和性别差异； 7. 了解运动发展的理论，分析影响运动发展的因素； 8. 了解运动学习的理论，包括基本和复杂技能的学习，以及认知、情感和精神运动之间的相互关系
印尼语	1. 了解与语言学习材料开发相关的各种语言学的概念、理论和材料； 2. 了解语言和语言习得的本质； 3. 认识印尼语的重要地位，了解其功能和多样性； 4. 掌握印尼语规则，为正确使用印尼语提供参考； 5. 了解印度尼西亚文学的理论和流派； 6. 以富有成效的方式欣赏文学作品

资料来源：《教师资格与能力标准》。

注：①印度尼西亚于1965年颁布的第1号总统令《关于防止滥用和亵渎宗教》中，将儒教列为印度尼西亚官方认可的宗教之一。

表5.8 印度尼西亚职业教育适应型教师的课程教学能力要求

课程	课程教学能力
数学	1. 掌握数字、数字之间的关系、各种数系和数论的相关知识； 2. 掌握测量和评价的方法； 3. 掌握数学逻辑、几何的相关知识； 4. 掌握统计和概率的相关知识； 5. 掌握函数的相关知识； 6. 掌握代数的相关知识； 7. 掌握微积分和解析几何的相关知识； 8. 掌握离散数学的相关知识； 9. 掌握三角函数的相关知识； 10. 掌握向量和矩阵的相关知识； 11. 了解数学的历史和哲学； 12. 会使用教具、测量仪器、计算器、计算机软件、数学模型和统计模型

课程	课程教学能力
信息和通信技术	1. 操作计算机及其外围设备； 2. 安装、设置、维护计算机系统，有能力跟踪和解决问题（故障排除）； 3. 使用一种面向对象的编程语言进行计算机编程； 4. 使用计算机处理文字； 5. 使用计算机处理电子表格和图形； 6. 使用计算机或计算机服务器管理数据库； 7. 制作符合视觉和人际交流规则的交互式演示文稿； 8. 使用软件创建图形媒体； 9. 创建和维护计算机网络（有线和无线）； 10. 创建和维护网站（Web）； 11. 使用通信设施（电话、手机、传真）； 12. 创建和使用数字媒体，包括创建和处理图像、音频和视频等； 13. 在其他课程或学习材料中使用信息和数字技术，并将其作为交流媒介； 14. 在适当考虑健康和安全标准的情况下设计和管理学习环境/资源； 15. 操作硬件和软件辅助学习； 16. 了解最终用户许可协议以及软件合法使用的限制和范围
生物	1. 了解生物学的概念、规律和理论并灵活运用； 2. 了解研究自然现象和规律的生物学思维过程； 3. 使用符号语言描述自然/生物现象和规律； 4. 了解生物学的知识结构及其与其他相关学科的关系； 5. 对生物现象和规律进行定性和定量推理； 6. 应用物理、化学和数学的概念、定律和理论来解释生物现象； 7. 解释生物定律在与生物学相关的技术中的应用，尤其是那些可以在日常生活中找到的应用； 8. 了解学校所教生物学的范围和深度； 9. 在生物学相关的领域中形成创新的应用与发展； 10. 掌握学校生物实验室管理与安全保障的标准和规范； 11. 使用测量工具、教具、计算器和计算机软件来改善课堂、实验室和野外的生物学学习； 12. 为学习或研究设计生物实验； 13. 以正确的方式进行生物实验； 14. 了解一般科学发展的历史，尤其是生物学及其发展背后的思想
物理	1. 了解物理学的概念、规律和理论并灵活应用； 2. 了解研究自然现象和规律的物理学思维过程； 3. 使用符号语言描述自然/物理现象和规律； 4. 了解物理学的知识结构及其与其他相关学科的关系； 5. 对物理现象和规律进行定性和定量推理； 6. 应用物理学的概念、定律和理论来解释物理现象； 7. 解释物理定律在技术中的应用，尤其是那些可以在日常生活中找到的应用； 8. 了解学校所教物理学的范围和深度； 9. 在物理学相关的领域中形成创新的应用与发展； 10. 掌握学校物理实验室管理与安全保障的标准和规范； 11. 使用测量工具、教具、计算器和计算机软件来改善课堂、实验室和现场的物理学学习； 12. 为学习或研究设计物理实验； 13. 以正确的方式进行物理实验； 14. 了解一般科学发展的历史，尤其是物理学及其发展背后的思想

课程	课程教学能力
化学	1. 了解化学概念、定律和理论，涵盖结构化学、化学动力学、能量学，并灵活应用； 2. 了解研究自然现象和规律的化学思维过程； 3. 使用符号语言描述自然 / 化学现象和规律； 4. 了解化学的知识结构及其与其他相关学科的关系； 5. 对化学现象和规律进行定性和定量推理； 6. 应用物理学和数学的概念、定律等理论来解释或描述化学现象； 7. 解释化学定律在与化学相关的技术中的应用，尤其是那些可以在日常生活中找到的应用； 8. 了解学校所教化学的范围和深度； 9. 在与化学相关的领域中形成创新的应用与发展； 10. 掌握学校化学实验室管理与安全保障的标准和规范； 11. 使用测量工具、教具、计算器和计算机软件来改善课堂、实验室和现场的化学学习； 12. 为学习或研究设计化学实验； 13. 以正确的方式进行化学实验； 14. 了解一般科学发展的历史，特别是化学及其发展背后的思想
经济学	1. 了解支持经济学课程的材料、结构、概念和科学思维方式； 2. 区分不同的经济学方法； 3. 展示经济学课程学习的裨益
社会学	1. 了解支持社会学课程的材料、结构、概念和科学思维方式； 2. 了解社会科学家的工作步骤； 3. 展示社会学课程学习的裨益
人类学	1. 了解支持人类学课程的材料、结构、概念和科学思维方式； 2. 区分人类学的分类； 3. 展示人类学课程学习的裨益
地理	1. 掌握地理科学的结构、范围和研究对象的性质； 2. 区分不同的地理学研究方法； 3. 广泛而深入地掌握地理资料； 4. 展示地理科学课程学习的裨益
历史	1. 掌握历史学的结构、范围和研究对象的性质； 2. 区分不同的历史研究方法； 3. 广泛而深入地掌握历史材料； 4. 展示历史学课程学习的裨益
外语	1. 英语 1.1 了解与英语相关的语言学、会话、社会语言学和语法； 1.2 掌握英语口语和书面语，能从语言学、会话、社会语言学和语法等角度理解和运用英语 2. 阿拉伯语 2.1 了解与阿拉伯语相关的语言学、会话、社会语言学和语法； 2.2 掌握阿拉伯语口语和书面语，能从语言学、会话、社会语言学和语法等角度理解和运用阿拉伯语

课程	课程教学能力
外语	3. 德语 3.1 了解与德语相关的语言学、会话、社会语言学和语法； 3.2 掌握德语口语和书面语，能从语言学、会话、社会语言学和语法等角度理解和运用德语 4. 法语 4.1 了解与法语相关的语言学、会话、社会语言学和语法； 4.2 掌握法语口语和书面语，能从语言学、会话、社会语言学和语法等角度理解和运用法语 5. 日语 5.1 了解与日语相关的语言学、会话、社会语言学和语法； 5.2 掌握日语口语和书面语，能从语言学、会话、社会语言学和语法等角度理解和运用日语 6. 汉语 6.1 了解与汉语相关的语言学、会话、社会语言学和语法； 6.2 掌握汉语口语和书面语，能从语言学、会话、社会语言学和语法等角度理解和运用汉语

资料来源：《教师资格与能力标准》。

除规范型和适应型教师外，对生产型教师也有相应的课程教学能力要求。生产型教师的任务是根据印度尼西亚国家职业资格标准培养学生，使其具备必要的工作能力，成为符合行业特定岗位需求的合格技术工人。生产型教师根据职业高中对毕业生的能力要求教授课程，这类教师必须同时具备理论能力和实践能力。如今，印度尼西亚政府实施了多项计划，以满足生产型教师的岗位需求，并根据行业的需求和发展不断提高生产型教师的竞争力。教师能力认证标准会根据印度尼西亚国家职业资格标准定期调整，这有效促进了生产型教师职业能力的持续提高。

第二节　职业教育教师资格认证

印度尼西亚职业教育教师资格认证是向符合职业教育教师能力标准者颁发教育工作者证书的过程。教育工作者证书是认定职业教育教师为专业人员的法定依据。职业教育教师资格认证的宗旨在于保证教师的素质，进而提高职业教育质量。教师资格认证能使职业教育教师明确自己是履行职业教育职责的主体，其职责是通过职业教育工作实现国家教育目标。教师资格认证还能提高职业教育教师的敬业精神，保障职业教育教师的法定地位。

一、教育工作者证书

教育工作者证书是印度尼西亚认定各级学校教师为教育专业人员的证明。根据《教师法》规定，在印度尼西亚职业学校任教的教师必须通过教育认证，获得教育工作者证书。这项规定有助于提高职业学校的教育质量。对于职业教育教师来说，获得教育工作者证书，将更好地推动其教师职业生涯的发展，而且将有可能通过选拔成为公务员，获得相应的工资福利。但是到目前为止，并非所有印度尼西亚的职业教育教师都取得了教育工作者证书。

教育工作者证书一般由参与教师培养和质量检测计划的高等教育机构授予。教师培养和质量检测的标准由印度尼西亚政府制定。教育工作者证书的授予过程是公正、客观、透明的，获得证书者具有成为学校教师的同等机会。

二、职业教育教师资格认证原则

印度尼西亚在实施职业教育教师资格认证的过程中，坚持公正、客观、透明、可信、负责的原则，坚持以提高国民教育质量为导向的原则，坚持遵守相关政策法规的原则，兼顾计划性和系统性的原则。

（一）公正、客观、透明、可信、负责

公正指的是所有参加教师资格认证的人员按照年龄、工作年限和级别排序，排序靠前的教师优先认证。客观是指对参加认证者基本条件的规定具有客观性。透明是指认证的过程公开和结果透明，确保参加认证者的知

情权。可信是指认证过程和结果高度可信。负责是指在行政、财政等方面支持教师资格认证工作，以及对认证的程序和结果负责。

（二）以提高国民教育质量为导向

职业教育教师资格认证是印度尼西亚政府为提高职业教育教师素质所做的努力，只有达到教师能力标准的要求，才能通过认证成为专业的职业教育教师，进而开展专业化的职业教育工作，实现国家提高职业教育质量的目的。

（三）遵守相关政策法规

印度尼西亚职业教育教师资格认证严格按照相关政策法规实施，严格执行人力部与教育、文化、研究和技术部联合发布的《教师认证指南》和《教育工作者证书申请程序》的相关规定。

（四）兼顾计划性和系统性

印度尼西亚职业教育教师资格认证在参加者人数、参加者担任课程的类型、人力投入、设备投入和时间等方面提前做出计划和系统安排，以期在全国范围高效完成职业教育教师资格认证。

三、职业教育教师资格认证程序

《教师法》规定的教师资格认证计划是印度尼西亚政府为改革国家教育体系而实施的计划之一，旨在帮助教师提高专业能力、优化教学法、塑造专业个性、提升合作沟通能力并锤炼专业精神。印度尼西亚有两种类型的教师资格认证，即职前教师资格认证和在职教师资格认证。相比之下，在职教师资格认证程序更为复杂。

（一）职前教师资格认证程序

从 2009 年开始，即将进入印度尼西亚职业学校工作的准教师在入职前都要通过教师专业教育（Pendidikan Profesi Guru，PPG）项目以实现教师资格的认证。教师专业教育项目由教师教育机构（Lembaga Pendidikan Tenga Kependidikan，LPTK）负责，具体到职业教育教师的职前教育，主要由教师教育培训学院、职业教育和技术学院承担。教师专业教育项目指南由教育、文化、研究和技术部制定，项目为期 1—2 个学期，需要修完 36—40 学分，内容涉及教育学、教学方法和实践教学。

职业教育教师专业教育项目要求准教师拥有四年制本科毕业证书并取得学士学位，或是拥有四年制高等职业学校毕业证书并取得应用科学学士学位（即拥有四类大专学位证书），可以是教育类专业的毕业生，也可以是非教育类专业的毕业生。符合学历条件要求的准教师要先参加行政选拔和测试选拔，经选拔通过后方可正式参与教师专业教育项目。教师专业教育结束后，准教师需要经过资格认证评估，评估通过者可以获得教育工作者证书，未通过者则需要再次进行评估认证。印度尼西亚职业教育教师专业教育项目程序如图 5.2 所示。

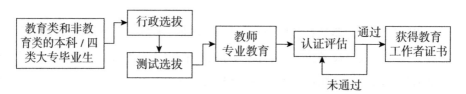

图 5.2　印度尼西亚职业教育教师专业教育项目程序

图 5.2 中的行政选拔主要是依据学业成绩单和个人履历等资料进行筛选，测试选拔则主要是对参加选拔者进行学术潜力测试、兴趣评估测试和个性评估。教师专业教育是教育现场实践（Praktik Pengalaman Lapangan，PPL），是培养准教师的实际教育教学能力的过程，包括教学准备和课堂教学表现。教育现场实践需要呈现准教师的过往记录、档案和自我评估。

（二）在职教师资格认证程序

随着印度尼西亚教育体系的不断发展和完善，对教师资格认证的要求也日益严格。印度尼西亚政府一直致力于提高教师的专业素养和教学能力，2020年发布的《关于在职教师获得教师资格证的程序》旨在确保教师队伍的整体素质，提升教育质量。

《关于在职教师获得教师资格证的程序》的核心要求是通过系统化的在职教师培养计划，为在职教师颁发正式的教师资格证，以确保整个教师队伍具备合格的专业水平和教学能力。该程序不仅旨在解决2020年以前教师资格认证制度存在的不规范问题，更致力于通过建立统一的教师资格认证体系来提升教师的专业知识与技能，确保所有在职教师都拥有正式的资格证书，从而有效提高学校教育水平，更好地服务于学生的学习发展，满足当前及未来教育发展的迫切需求。

《关于在职教师获得教师资格证的程序》首先明确地界定了在职教师的范围。根据该程序的规定，在职教师是指已在由中央政府、地方政府或教育机构主办的教育机构中担任教职的公职教师（guru pegawai negeri sipil）和非公职教师（guru bukan pegawai negeri sipil），他们已与在职教师教育机构签订了劳动合同或集体劳动协议。[1]

《关于在职教师获得教师资格证的程序》明确规定，为了确保具备专业的教育素养和能力，在职教师必须接受特定的教师专业教育。在完成这些教育并通过相应的考核后，在职教师才有资格参加教师职业资格考试，顺利通过考试者将获得教师资格证，这是对他们专业素养和教学能力的权威认可。

为了确保参与教师专业教育项目的在职教师具备必要的基础条件和专业背景，该项目对申请者设立了严格的资格要求：第一，申请者必须自四

---

[1]　公职教师指的是那些具有公职身份的教师，他们是由政府聘用的公职人员，享有相关的权利和福利。非公职教师是指那些受聘于非政府机构运营的学校，如私立学校或由社会组织、团体等经营的学校，以及以合同制或临时工形式在公立学校任教的教师。这些教师虽然同样在各自的教育机构中担任教学工作，但他们并不具备公职身份。与公职教师相比，非公职教师在薪酬待遇、福利等方面可能存在一定差异，具体取决于他们所在学校的政策和规定。

年制本科院校毕业并获得学士学位，或是具有四类大专学历并获得应用科学学士学位，这是对其学术背景和专业基础的基本保证；第二，申请者需在2015年12月之前已被正式聘用为在职教师，这确保了申请者已经具备一定的教学实践经验；第三，申请者需在中央政府、地方政府或教育机构主办的教育机构中担任教师，这确保了申请者是在正规教育机构中从事教育教学工作的教师；第四，申请者还必须在教育、文化、研究和技术部基础教育数据库中登记，并拥有教育工作者编号，这是对其在职身份的官方认定；第五，申请者必须提交完整的申请材料，以确保申请流程的规范性和严谨性。

在职教师专业教育的学习任务量设定为36学分，学员需通过两种主要方式完成这一学习任务量。首先是对过往学习的认可，这一方式允许学员在正规教育、非正规教育、自学及工作经验中获得的学习成果得到高等教育层面的认可，学员需通过这一方式完成24学分的学习任务。其次是参加培训。除了对过往学习的认可，学员还需参加专门的培训，以进一步提升教育教学能力。这一培训包含三个主要方面：利用信息技术深化教学方法和学科知识，利用信息技术开发教学资源，以及在原校或合作学校进行教育实习。学员需通过这一方式完成剩余的12学分的学习任务。考虑到不同学员的不同学习需求和时间安排，在职教师专业教育设有灵活的学习方式，包括在线学习、面授学习，以及在线学习和面授学习相结合的方式。

学员在完成36学分的学习任务后，需要参加考核。考核注重学员的知识掌握、技能提升和行为表现，以确保学员能够真正将所学知识应用于教学实践中。考核分为综合考试和实习评价。在参加学校实习前，学员需通过综合考试，以检验他们对教学方法和学科知识的掌握情况，以及教学资源开发过程和成果。这一考试是评估学员学习成果的重要手段。在学校实习期间，将由指导教师和高校教师共同评价学员的实习表现，评价内容涵盖学员在知识、技能和行为三个方面的表现。这种评估方式能够全面反映学员的实践教学能力，为学员提供有价值的反馈和建议。

通过教师专业教育考核的学员可以参加教师职业资格考试。教师职业资格考试包括实践考核和知识考核两部分，由印度尼西亚教育、文化、研究和技术部指定的全国考试委员会负责组织实施。通过教师职业资格考试者将获得教师资格证。教师资格证由承担在职教师专业教育的教师教育机构颁发。印度尼西亚在职教师的资格认证程序如图 5.3 所示。

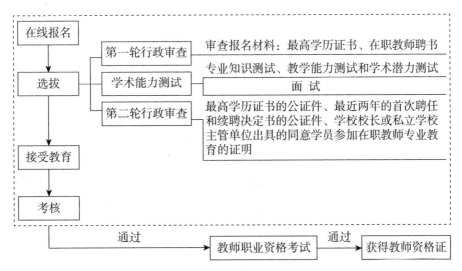

图 5.3　印度尼西亚在职教师的资格认证程序

第三节　职业教育教师教育

一、职前教育

在印度尼西亚，职业教育教师的职前教育是一个系统性的过程，旨在培养教师的教学能力和专业技能，以确保职业教育质量的提升。

印度尼西亚对职业教育教师的最低学历要求是取得学士学位或应用科学学士学位。因此，职业教育教师首先需要完成四年制本科或四类大专的学习，成绩合格后毕业并取得相应的学位。

印度尼西亚对职业教育教师大学期间的专业性质没有限制。无论是来自教师教育类专业还是非教师教育类专业的毕业生，都有机会接受下一阶段的教师专业教育，进而成为职业教育教师，即印度尼西亚职业教育教师的职前教育包括学校教育和教师专业教育两个阶段。印度尼西亚的多数大学及其下属学院均可承担职业教育教师职前的学校教育，为他们提供四年制本科或四类大专的教育。此外，为了加强培养职业教育教师的专业性，一些大学还设立了职业技术教育学院（Fakultas Pendidikan Teknologi dan Kejuruan，FPTK），例如印度尼西亚教育大学（Universitas Pendidikan Indonesia）于1963年成立了职业技术教育学院，巴厘国立师范大学（Universitas Pendidikan Ganesha）于1990年成立了职业技术教育学院，它们都在职业教育教师的培养方面取得了显著的成果，为印度尼西亚的职业教育领域输送了大量优秀人才。

完成四年制本科或四类大专的学习，成绩合格后毕业并取得相应的学位之后，希望成为职业教育教师的毕业生必须到专门的教师教育机构接受职前的教师专业教育，这就进入了职前教育的第二个阶段。

目前，印度尼西亚针对职业教育教师的职前教育已日趋成熟，但是仍存在一些需要解决的现实问题。

（一）生源质量低，教师素质难以保证

当前，教师职业对于大部分印度尼西亚的大学毕业生而言没有吸引力，或只是大学毕业生为了实现就业的备用选择。所以，为了保证教师教育机构学习者的数量，为了通过教师专业教育培养出充足的职业教育预备教师，印度尼西亚在教师专业教育的过程中没有严格的招生及入学选拔限制，导致教师教育机构毕业生的质量无法得到保障。

印度尼西亚政府已经意识到这些问题，未来将会实行教师教育机构优先选拔，并对选拔条件和过程做出严格要求，建立能够保障学习者资质的选拔系统，以确保接受教师专业教育的是优秀的大学毕业生。在强化教师职业能力的同时，使学习者掌握学习方法，学会学习，这样他们在后续的教育实践过程中能够迅速发现问题并解决问题，展现出较高的教师职业能力。同时，教师教育机构将对教师专业教育的学习过程及毕业条件做出严格的规定，以保证师资培养的质量。

（二）培养方向与职业教育需求脱节

印度尼西亚职业教育教师的职前教育体系由两个阶段构成，初衷是全方位塑造职业教育教师的专业素养与教学技能，以满足印度尼西亚职业教育领域日益增长的多元化教育需求。但是，这两个关键阶段的培养目标与职业教育的实际需求之间存在显著差距。

第一个阶段的职前教育过分聚焦于学术性知识的深化，强调学科专业理论的掌握。这种"重理论、轻实践"的模式，直接导致职业教育教师群体在理论与实践之间出现断层，教育教学能力发展受限，实践教学经验匮乏，且缺乏必要的行业经验。职业教育的本质在于培养学生的实践动手能力和职业技能，这就要求职业教育教师不仅精通理论知识，还需要具备将知识转化为实践的能力，同时能够激发学生的兴趣，引导学生进行实际操作，并在教学过程中持续创新教学方法。[①] 但是现实情况是，印度尼西亚对于职业教育教师第一个阶段的培养方向难以有效满足职业教育的实际需求。这种脱节带来了深远的负面影响，部分职业教育教师教学方法和课堂管理技能缺失，降低了教学质量，影响了学生的学习体验和成果。实践教学的不足，限制了学生在课堂上获得实际操作训练的机会，不利于学生的技能发展。更为严重的是，部分职业教育教师行业经验不足，教学内容往往滞后于市场需求，导致学生所学技能与实际工作需求脱节，影响其未来的职业竞争力。

为应对这一问题，印度尼西亚开始重视并推动第二个阶段的教师专业教育，旨在通过更为全面和深入的培养，提升教师的专业素养和教学质量。[②] 然而，尽管这一阶段教育被寄予厚望，但在实施过程中仍暴露出与职业教育实际需求相脱节的问题。教师专业教育在课程设计上虽力求理论与实践并重，但实践教学的实施力度仍显不足，难以培养出具备足够实践经验和创新能力的职业教育教师。此外，私立教育机构在教师专业教育中的主导地位，也加剧了教育资源分配不均、教学质量参差不齐的问题。部分私立机构因追求短期经济利益，可能在教学资源、师资力量和实践机

---

① DADANG KURNIA. Post-study Pre-service Practical Training Programme for TVET Teacher Students [R]. Shanghai：RCP Secretariat and GIZ Office，2013：31-32.

② 同①。

会等方面做出妥协，进一步削弱了职业教育教师的专业素养和适应性。同时，教师专业教育还面临着资源不足、师资力量有限和评估机制不完善等挑战。[①] 这些问题限制了职业教育教师在理论与实践之间建立有效联系的能力，影响了其在实际教学中传授职业技能的效果。因此，尽管印度尼西亚在推动教师专业教育方面做出了努力，但仍有待进一步改进和完善，以确保其能够真正满足职业教育的实际需求，提升职业教育的整体质量。

（三）无供需机制，地区间存在差异

印度尼西亚的教师教育机构以大学、研究所以及其他高等学校形式开展职前教师教育，但这些教师教育机构和教师聘用机构之间没有合作。教师教育机构的毕业生需要自己找工作，这一过程中没有准确数据支撑的供给及需求模式。因此，印度尼西亚的教师教育机构预备教师的产出处于无计划的状态，也没有根据各个地区的实际需要考虑教师培养的数量和分配。教师教育机构的毕业生完全根据学业成绩参加教师招聘和选拔。

这种培养和分配的无计划状态导致印度尼西亚教师教育机构的毕业生素质出现地区差异，高素质的毕业生大多出自教育资源良好的大城市，而且优秀的毕业生仕仕通过自主就业集中在经济发达、教育条件优越的地区。印度尼西亚各个地方政府之间缺少协调，教育条件良好的地区为避免优秀教师的流失而不愿放宽教师流动，结果导致地区间教育质量差距进一步加大。

目前，印度尼西亚政府为了解决教师素质的地区差异，向偏远落后地区教师教育机构的学生提供奖学金，以此鼓励优秀的大学毕业生选择到这些地区接受职前教师教育，并在这些地区从事教师工作。

二、在职教师专业教育

印度尼西亚的在职教师专业教育旨在提高在职教师的专业素质，满足

① ALAMSYAH MOH，SANNI MUFTI. Challenges of Initial TVET Teacher Training in Indonesia: Empirical Analysis of Skills Deficit of Mechanical Engineering Teachers［D］. Otto-von-Guericke-Universität Magdeburg. 2021：281.

国家对优质教师的需求。该教育建立在完善的质量保障体系之上，通过严格的准入条件、专业化的师资队伍、系统化的课程设置和内外部质量监控等措施，确保培养出符合教师专业标准的高素质师资。

（1）在职教师专业教育对学员的入学条件有着明确的要求，详见本章第二节。这确保了学员具备一定的专业基础和教学经验，为后续的专业培养奠定了良好的基础。

（2）在职教师专业教育建立了规范化的管理机制。整个专业教育的管理分为校级和专业两个层面。在校级层面，由校长或法人代表负责，下设质量保障部门、信息技术部门、教育实习中心等职能部门，确保对项目的全面管理。在专业层面，由项目负责人统筹，并设有专业分工协调人负责具体实施。这种层级分明、职责明确的管理体系，有利于提高项目运行的效率和质量。

（3）在职教师专业教育非常重视师资队伍的建设。任课教师须具有硕士及以上学位，具有相关专业背景，并且职称不低于助理教授。同时，还要求任课教师具有教师资格证或其他专业证书，有丰富的学校教学经验，并掌握信息技术应用能力。对指导教师的要求同样严格，要求至少具有学士学位，在教育部门任教，职称不低于初级教师，优先选择拥有高级职称或有 10 年以上工作经验的教师。这样的师资队伍不仅具有扎实的专业知识，而且具有丰富的教学实践经验，能够为学员提供优质的专业培养。

（4）在课程设置方面，在职教师专业教育遵循了完整的培养目标和标准体系。根据教师专业标准，在职教师专业教育确立了包括态度、知识和技能三大维度在内的教育目标，并根据不同专业领域细化了相应的专业毕业标准。课程设置涵盖了专业知识的深入学习、教学法的系统掌握、教学设计的开发、同行教学实践和教育实习等五大环节，全面提升学员的专业素养。同时，在职教师专业教育还将信息技术的应用贯穿教学的各个环节，培养学员运用信息技术开展育人型教学的能力。这种注重理论与实践相结合、兼顾通识与专业的课程体系，有利于学员系统掌握教师专业所需的各项核心能力。

（5）在职教师专业教育建立了完善的质量保障体系，包括内部质量保障和外部质量保障两个层面。内部质量保障由教师教育机构自行开展，设有专门的质量保障单位，负责在职教师专业教育质量的开发、实施、监控和评估。质量保障单位制定了详细的质量政策、质量手册、质量标准等文件，为在职教师专业教育的规范运行提供了制度保障。同时，在职教师专业教育的内部质量保障涉及全体师生和其他支持人员，包括定期评审项目实施情况、持续保障师资质量、提供充足的教育设施、开展客观透明的学生评估和建立便捷的信息系统等。这种全方位、闭环式的内部质量保障机制，确保了在职教师专业教育的各项工作都能按照既定的质量标准有序推进。在职教师专业教育的外部质量保障由国家认证委员会或独立认证机构负责，这些质量评估机构将对在职教师专业教育进行认证评估，判断其适当性和质量水平。外部质量保障的结果不仅反映了在职教师专业教育的实施质量，也为教师教育机构改进内部质量保障体系提供了重要依据。

为了进一步加强对在职教师专业教育的监控，印度尼西亚教育、文化、研究和技术部下属的教师和教育人员总局会定期组织外部监测。监测的目的是观察和跟踪在职教师专业教育的实施情况，发现问题并提出改进建议。同时，教师教育机构也会对教师专业教育项目进行自我评估，形成详细的评估报告，包括在职教师专业教育实施情况、达成情况和影响因素分析等，以便为在职教师专业教育的持续改进提供依据。

第四节　职业教育教师教育的课程

印度尼西亚职业教育教师教育分为职前教育和在职教师专业教育，其课程纷繁复杂，大致可分为职前教育课程和在职专业教育课程。

一、职前教育课程

印度尼西亚职业教育教师的职前教育主要分为两个阶段：第一个阶段是在高等教育机构内进行的本科教育或四类大专教育的学校教育阶段，第二个阶段是完成本科教育或四类大专教育后在教师教育机构内接受的教师专业教育阶段。

（一）学校教育阶段

在这一阶段，学生既可以选择攻读教育类专业，也可以选择攻读非教育类专业。

印度尼西亚高等教育机构中的教育类专业在课程体系上普遍采用"并行模式"（Concurrent Mode），这意味着学生在学习过程中将同步接受专业技术课程和教师教育课程的训练。这种模式也被称为一体化教师教育（Integrated Teacher Education），旨在确保学生在掌握专业知识与技能的同时，也获得必要的教育教学知识和能力。例如，印度尼西亚教育大学职业技术教育学院提供的汽车工程教育专业便是以培养职业教育教师为核心目标的教育类专业，表 5.9 所列为该专业的课程设置，从中可以清晰地看出印度尼西亚职业教育教师职前教育课程体系所涵盖的课程类型、学分分布和课程性质。

表 5.9　印度尼西亚教育大学汽车工程教育专业课程设置

课程科目	学分	课程性质	备注
通识科目	14	必修	通识科目
教育基础科目	12	必修	教师教育科目
实习科目	12	必修	职业高中的教育实习
专业讲座	4	必修	职业教育科目
专业科目	86	必修	职业教育科目
深度拓展科目	16	选修（共有 40 学分的课程供选择，从中选 16 学分即可）	职业教育科目
毕业论文	6	必修	——
总计	150	——	——

印度尼西亚高等教育机构中的非教育类专业一般只有专业技术课程，不包含教师教育课程。例如印度尼西亚的巴厘国立师范大学的职业技术教育学院同时开设了电气工程教育和电气工程两个专业，其中电气工程教育是教育类专业，电气工程是非教育类专业。专攻非教育类专业的学习者在大学毕业后需要参加教师专业教育才能获得教师资格。

值得注意的是，目前印度尼西亚尚未形成全国统一的职业教师教育课程体系，因此各院校在课程设置与内容上存在一定的差异。不过这并不影响其教育质量和标准的统一，因为所有学习项目均须通过主管认证机构的严格认证和评估，以确保学生接受的教育达到一定的标准和要求。

（二）教师专业教育阶段

印度尼西亚职业教育教师在完成本科教育或四类大专教育后，还需要在教师教育机构内接受教师专业教育。这一阶段课程的基本框架和结构是教师教育机构自行开发的，每个教师教育机构都可以在教师专业教育过程中构建自己的课程。为了保证各个教师教育机构提供的是同等质量的教师专业教育，印度尼西亚教育、文化、研究和技术部会参与各个教师教育机构的课程构建，这样有利于学习者的流动，使他们能够从一个教师专业教育项目转移到另一个教师专业教育项目。

教师教育机构在构建教师专业教育课程时，首先要考虑印度尼西亚《教师法》规定的教师必备的四个能力领域，即教育能力、个人修养、社会能力和专业能力。这不是具体课程的名称，而是教师专业教育的最终目标，多门课程会为其提供不同程度的支撑。

职前教师专业教育主要包括两个学期的课程。第一个学期的教育课程专注于加强教育能力，包括实践教学，这一学期的教学活动是为了培养教师的教学技能和教学策略。第二个学期的教育课程则更多地集中于实践教学，教师将有机会进行细致的教学实践，从而更好地理解和运用教学材料，并提高教学效果。

二、在职专业教育课程

自20世纪90年代以来，印度尼西亚政府不断开展职业教育教师的在职培训，为职业高中教师设计的培训方案已与印度尼西亚各级教育的教师培训方案相结合，并根据职业教育的特点以及相关行业的发展而采取了不同的培训方法。过去，印度尼西亚在职教师培训是在与教师专业领域相关的培训中心开展的，同时还有教师在各自地区的主题教师会议上接受的内部培训。在发展过程中，印度尼西亚的职业教师培训开始遵循基于能力的培训理念，这种新型培训正在全国各地的职业教育教师培训中心进行。从全国各地开展培训的情况来看，职业教育在职教师参加培训的人数持续提升，教师素质不断提高。2020年，印度尼西亚教育、文化、研究和技术部发布了《在职教师专业教育计划指南》，该指南明确规定了在职教师专业教育的课程结构和内容。

在职教师专业教育课程的结构体现了对在职教师专业发展的全面考量，它不仅关注教师学科知识和教学技能的提升，还强调了教学实践能力和教师品格的培养。在职教师专业教育课程设置涵盖了专业知识的深入学习、教学法的系统掌握、教学设计的开发、同行教学实践和教育实习等五大环节，大体可以划分为专业知识和教育知识、教学设计开发和教育实习等三类课程，见表5.10。

表5.10　印度尼西亚在职教师专业教育课程结构

序号	课程类别	学分	授课形式
1	专业知识和教育知识	5	课堂讲授
2	教学设计开发	3	研讨会／工作坊
3	教育实习	4	实地实践
	总计	12	—

（一）专业知识和教育知识

在职教师专业教育在专业知识和教育知识深化方面设置了5学分，这充分说明了对于教师专业基础知识的重视。在职教师通过在线自主学习的方式，可以系统地了解学习理论、教育心理学、社会文化等与教师专业素质相关的知识，以及教学计划的设计、实施和评估等教学法知识。这种知识深化不仅有助于教师理解教育教学的本质，也为他们提供了解决教学问题的理论依据。

（二）教学设计开发

教学设计开发是在职教师专业教育的另一个重要环节，计3学分。这一环节分为教学设计开发和教学设计审查两个部分，旨在帮助教师开发基于技术理论和教学理论（Technological Pedagogical and Content Knowledge，TPACK）的教学设计。这种教学设计不仅关注知识的传递，更强调对学生高阶思维能力的培养，例如批判性思维、创造性思维、反思性思维和决策能力等。此外，通过同行教学实践和实地教育实习，在职教师可以将教学设计付诸实践并不断进行反思和改进，从而提升自身的教学设计能力。

（三）教育实习

教育实习是在职教师专业教育目的核心环节之一，计4学分。这一环节通过教学实践和非教学任务，例如班级管理、参与学校活动等，帮助教师发展专业能力。在这个过程中，教师不仅需要关注自己的教学表现，还需要与学生、同事、家长等多方互动，从而全面提升自己的教育、教学、辅导等任务能力。此外，教育实习还强调培养教师的领导能力，以使其成为有个人魅力、具备爱国精神、有威信、意志坚强、纪律性强、有使命感、精力充沛、具备关怀和宽容品格的教师。

在职教师专业教育的课程结构体现了对教师专业发展的全面考量。它既有对专业知识的深化，又有对教学设计开发的系统性训练，还有对教学实践的强调。同时，通过对之前学习经验的认证来获得剩余学分的方式，也充分考虑了在职教师的实际情况，使得他们能够在不影响工作的前提下完成培训任务。这种课程结构不仅有助于提升在职教师的专业素质和教学能力，还为他们未来的教学工作做了充分准备。

三、双重专业计划

考虑到职业教育教师要同时具备专业理论知识和实践技能的特殊性，印度尼西亚还针对职业教育在职教师的专业发展推出了一些学习计划，其中最有代表性的是双重专业计划。

2016 年，一项针对印度尼西亚职业教育在职教师的调查显示，职业学校的一些专业或课程缺乏富有经验和能力的教师，而另外一些专业或课程的教师人数却超过了实际需要。调查结果显示，2016 年生产型教师短缺多达91 861 人，其中包括 41 861 名公立学校职业教育教师和 50 000 名私立学校职业教育教师。为了解决职业学校生产型教师严重短缺的问题，印度尼西亚专门实施了一项旨在培养职业教育在职教师的双重专业技能的短期计划。

这一计划的目标是培养 1.5 万名富有专业能力和教育能力的教师。参加双重专业计划的教师必须完成该计划的所有阶段性要求，包括在职计划、国家专业认证机构授权的第三方专业认证机构的技能认证、大学教师教育培训。

在双重专业计划中，教师将根据自己的专业能力选择技能认证项目。技能认证是以该职位所需的能力为参考，通过考查教师自身技能来确保认证教师的专业知识符合其职位要求的一种认证方式。双重专业计划中的技能认证活动以国家专业认证机构批准的印度尼西亚国家资格框架中等职业学校职业教师四级认证计划为基础。这项四级认证计划分为多个集群（竞争单元的集合），涉及职业学校中的职业技术性的教育内容。

双重专业计划重点培训三类教师：一是五个优先领域的生产型教师，即海事、农业、旅游业、创意产业，以及技术和工程领域的教师；二是2013 年课程中未列出的职业学校适应型教师，即自然科学、社会学和创业科目的教师；三是职业学校中教授数学、公民教育、体育与健康、文化艺术教育等学科的教师。

双重专业计划的课程包括 51 个技能包，涉及 5 个优先领域，即海事（7 包）、农业（11 包）、旅游业（5 包）、创意产业（16 包）、技术和工程（12包），涵盖了印度尼西亚劳动力市场紧缺的技能类型。

双重专业计划为职业教育在职教师提供技术能力的培训，使他们同时具备专业能力和教育能力，成为职业高中的生产型教师。职业教育在职教师完成双重专业计划的培训后，可以获得教师资格证。双重专业计划的实施，精准对接了印度尼西亚各地职业学校对生产型教师的需求，极大地促进了职业高中教育模式的优化升级。学习者在更专业、更具有实践导向的教育环境中成长，不仅能获得与未来职业紧密相关的技能，还能在塑造良好职业素养的同时提升工作适应能力。

第六章
职业教育课程

第一节　职业教育课程结构

　　印度尼西亚的职业教育课程体系全面覆盖了高等职业教育和中等职业教育两大板块。在高等职业教育领域，印度尼西亚的高等职业教育机构享有自主开发课程的权利，这一灵活性极大地丰富了课程内容，也使其课程结构显得尤为复杂。为了更深入地剖析印度尼西亚职业教育的课程结构，本节将特别聚焦于中等职业教育的课程结构，以此为例来阐述印度尼西亚职业教育课程结构的特色。如第二章第三节所述，印度尼西亚于2013年开始实施2013年课程。具体到职业教育领域，印度尼西亚实施了职业高中2013年课程，该课程同样把职业高中的课程结构分为核心能力、基本能力、课程科目和学时分配四个部分。

一、核心能力

　　职业高中2013年课程的核心能力是指职业高中学生在每个年级的学习结束之后必须具备的能力。职业高中学生的核心能力分为四个领域，分别为精神态度领域（KI-1）、社会态度领域（KI-2）、知识领域（KI-3）和技能领域（KI-4）。在精神态度领域，学生应在生活和实践中理解并践行宗教教义。在社会态度领域，学生应在与社会和自然互动的过程中表现出诚实、宽容、守纪、合作、负责、关怀、礼貌和积极主动的态度和行为。在知识领域，学生应对科学、技术、艺术、文化和人文领域具有好奇心，能理解并应用相关理论，能够从人文、国家、民族和文明的角度分析问题的成因，能够根据自己的能力和兴趣从事特定领域的学习和研究。在技能领域，学生应当能够根据科学原理并使用相关方法进行操作、推理和学习。印度尼西亚职业高中各年级要求具备的核心能力见表6.1。

表 6.1　印度尼西亚职业高中各年级核心能力要求

领域	10 年级	11 年级	12 年级
精神态度领域	理解并践行宗教教义		
社会态度领域	在与社会和自然互动的过程中，体验并展现诚实、宽容、守纪、合作、负责、关怀、礼貌和积极主动的态度和行为，以此为基础解决互动过程中遇到的各种问题，并将自身行为看作是向世界展现国家形象的一面镜子		
知识领域	理解并运用科学、技术、艺术、文化和人文领域的概念性知识和程序性知识，并从人文、国家、民族和文明的角度分析专业领域的现象及其产生的原因	理解并运用科学、技术、艺术、文化和人文领域的概念性知识和程序性知识，并从人文、国家、民族和文明的角度分析具体工作领域的现象及其产生的原因	理解、分析并评价科学、技术、艺术、文化和人文领域的事实性、概念性、程序性和认知性等多元化的知识，并从人文、国家、民族和文明的角度分析具体工作领域的现象及其产生的原因
技能领域	运用在学校学习的技能，在具体领域和抽象领域进行独立操作，能够在直接监督下执行特定作业	运用在学校学习的技能，在具体领域和抽象领域有效地、创造性地进行操作，能够在直接监督下执行特定作业	运用在学校学习的技能，在具体领域和抽象领域进行独立操作、评价和创造，能够在直接监督下执行特定作业

资料来源：印度尼西亚教育、文化、研究和技术部网站。

二、基本能力

基本能力是学生在每一学年必须达到的最低能力标准。基本能力根据学习者的特点、初期能力和课程科目的性质进行开发。基本能力根据核心能力分类可以分为四组，即精神基本能力（KD-1）、社会态度基本能力（KD-2）、知识基本能力（KD-3）和技能基本能力（KD-4）。

与核心能力相比，印度尼西亚对职业高中基本能力的要求更加详细，每个课程科目在不同年级有不同的要求。由于内容较多，这里仅对三年制职业高中各课程科目在各年级所要求的基本能力项目数量做了统计，见表 6.2。

表 6.2 印度尼西亚三年制职业高中各课程科目所要求的基本能力项目数量

课程科目		基本能力项目数量		
		10 年级	11 年级	12 年级
A 组（必修）				
1	宗教教育 （以伊斯兰教为例）	KD-1：4 项 KD-2：8 项 KD-3：10 项 KD-4：8 项	KD-1：5 项 KD-2：6 项 KD-3：12 项 KD-4：14 项	KD-1：4 项 KD-2：7 项 KD-3：10 项 KD-4：10 项
2	公民教育	KD-1：2 项 KD-2：6 项 KD-3：8 项 KD-4：9 项	KD-1：3 项 KD-2：5 项 KD-3：9 项 KD-4：10 项	KD-1：4 项 KD-2：5 项 KD-3：7 项 KD-4：8 项
3	印尼语	KD-1：3 项 KD-2：5 项 KD-3：4 项 KD-4：5 项	KD-1：3 项 KD-2：5 项 KD-3：4 项 KD-4：5 项	KD-1：3 项 KD-2：5 项 KD-3：4 项 KD-4：5 项
4	数学	KD-1：1 项 KD-2：3 项 KD-3：23 项 KD-4：19 项	KD-1：1 项 KD-2：3 项 KD-3：29 项 KD-4：20 项	KD-1：1 项 KD-2：2 项 KD-3：6 项 KD-4：6 项

课程科目		基本能力项目数量		
		10 年级	11 年级	12 年级
A 组（必修）				
5	印度尼西亚历史	KD-1：2 项 KD-2：3 项 KD-3：8 项 KD-4：8 项	KD-1：1 项 KD-2：5 项 KD-3：11 项 KD-4：11 项	KD-1：1 项 KD-2：3 项 KD-3：9 项 KD-4：9 项
6	英语	KD-1：1 项 KD-2：3 项 KD-3：11 项 KD-4：16 项	KD-1：1 项 KD-2：3 项 KD-3：12 项 KD-4：16 项	KD-1：1 项 KD-2：3 项 KD-3：12 项 KD-4：16 项
B 组（必修）				
7	文化艺术 （以艺术为例）	KD-1：1 项 KD-2：3 项 KD-3：4 项 KD-4：4 项	KD-1：1 项 KD-2：3 项 KD-3：4 项 KD-4：4 项	KD-1：1 项 KD-2：3 项 KD-3：4 项 KD-4：4 项
8	体育与健康	KD-1：2 项 KD-2：8 项 KD-3：11 项 KD-4：11 项	KD-1：2 项 KD-2：8 项 KD-3：12 项 KD-4：12 项	KD-1：2 项 KD-2：8 项 KD-3：11 项 KD-4：11 项
9	职业精神 （以工学类为例）	KD-1：1 项 KD-2：3 项 KD-3：8 项 KD-4：8 项	KD-1：1 项 KD-2：3 项 KD-3：8 项 KD-4：8 项	KD-1：1 项 KD-2：3 项 KD-3：8 项 KD-4：8 项
C 组（选修）				
	学术与职业教育 （以物理学为例）	KD-1：2 项 KD-2：2 项 KD-3：18 项 KD-4：13 项	KD-1：2 项 KD-2：2 项 KD-3：17 项 KD-4：8 项	—

资料来源：印度尼西亚教育、文化、研究和技术部网站。

三、课程科目

同普通高中一样，印度尼西亚职业高中的课程科目分为必修核心课程和选修课程两类。必修核心课程由 9 门课程组成，每周 24 学时。职业高中必修核心课程要求的核心能力和基本能力与普通高中是一致的。选修课程包括9门普通高中的学术类课程和职业高中的学术与职业教育课程。由于选修课程是学生根据自己的兴趣选择的，所以其教育作用能得到充分的发挥。

从课程科目的类别看，职业高中的课程分为A组、B组、C组三组。A组包括宗教伦理教育科目和公民教育科目，B组是身心发展科目，C组是职业教育课程科目。其中，A组和C组科目由国家教育、文化研究和技术部研发制定了全国统一的课程内容和标准；B组科目的基础内容和课程标准由国家教育、文化、研究和技术部研发制定，地方教育部门可以在国家课程标准的基础上，补充和完善具有地方特色的教学内容。

国家与地方在课程开发方面的分工与合作，既是印度尼西亚国情的需要，也体现了其教育管理体制的特色。印度尼西亚幅员辽阔，不同地区在地理、人文、经济等方面存在较大差异，国家课程标准确保了教育的普遍适用性和统一性，而地方课程模块的引入则有利于因地制宜地发挥地方的资源优势，培养适应当地需要的人才。

另外，这种课程结构体现了职业教育与普通教育的一致性和衔接性。职业教育并非普通教育的对立面，前期与普通教育有很多共同的课程内容，后期则是根据学生兴趣和社会需求提供相应的专业技术课程。这种课程结构有利于学生在普通教育和职业教育之间的转换与衔接，为学生的多元成长提供保障。

C组课程是印度尼西亚职业高中提供的专业领域教育课程，因专业领域的不同有所差别。印度尼西亚职业高中涵盖的专业领域主要有：技术和工程、信息通信技术、健康、农业商务和农业技术、渔业和海洋、商业与管理、旅游、工艺美术、表演艺术等。学生在报考职业高中时根据自己的兴趣选择专业领域，在第三学期根据成绩和职业测试结果选择C组课程的科目。C组课程主要包括专业领域基本科目（C1）、专业课程基本科目（C2）和专业系列科目（C3）。C2和C3课程科目由教育、文化、研究和技术部的基础教育和中等教育局指定，以适应商业和工业的需求以及技术的发展。在印度尼西亚，三年制职业高中和四年制职业高中的课程科目基本相同，详见表6.3和表6.4。

表 6.3　印度尼西亚三年制职业高中课程科目

课程科目	每周学时		
	10 年级	11 年级	12 年级
A 组（必修）			
1　宗教教育	3	3	3
2　公民教育	2	2	2
3　印尼语	4	4	4
4　数学	4	4	4
5　印度尼西亚历史	2	2	2
6　英语	2	2	2
B 组（必修）			
7　文化艺术	2	2	2
8　体育与健康	3	3	3
9　职业精神	2	2	2
A 组和 B 组每周学时总量	24	24	24
C 组（选修）			
学术与职业教育	24	24	24
每周学时总量	48	48	48

资料来源：印度尼西亚教育、文化、研究和技术部网站。

注：▨ 可以在学校或与学校合作的企业内进行。

表 6.4　印度尼西亚四年制职业高中课程科目

课程科目	每周学时			
	10 年级	11 年级	12 年级	13 年级
A 组（必修）				
1　宗教教育	3	3	3	3
2　公民教育	2	2	2	2

课程科目	每周学时			
	10 年级	11 年级	12 年级	13 年级
A 组（必修）				
3 印尼语	4	4	4	4
4 数学	4	4	4	4
5 印度尼西亚历史	2	2	2	2
6 英语	2	2	2	2
B 组（必修）				
7 文化艺术	2	2	2	2
8 体育与健康	3	3	3	3
9 职业精神	2	2	2	2
A 组和 B 组每周学时总量	24	24	24	24
C 组（选修）				
学术与职业教育	24	24	24	24
每周学时总量	48	48	48	48

资料来源：印度尼西亚教育、文化、研究和技术部网站。

注：▨ 可以在学校或与学校合作的企业内进行。

四、学时分配

学时分配指学生在一周、一学期乃至一年内要完成的学时量。印度尼西亚职业高中的学时分配主要明确了一周内各课程科目的学时量。印度尼西亚职业高中每学年一般是 36—40 个教学周，第一学期至第五学期一般是 18—20 个教学周，第六学期一般是 14—16 个教学周。职业高中和普通高中一样，每学时为 45 分钟。不同的是，普通高中一至三年级一周的学时分别为 42、44 和 44，而职业高中各个年级的周学时都是 48，见表 6.3 和表 6.4。各职业高中可根据学生的学习需要、社会需求等重要因素适当增加每周的学时量。

第二节　职业教育课程开发

一、中等职业教育课程开发的原则

印度尼西亚的职业高中在培养技术熟练、具备想象力和创新创造能力、富有职业精神的劳动力队伍方面发挥着重要作用。为了更加充分地发挥这一作用，印度尼西亚的职业高中课程不仅要适应国内外经济环境变化及满足产业发展的需求，强调为个体未来独立生活和职业发展做准备，而且还要注重对情感态度、综合知识和综合技能的培养。这也是印度尼西亚2013年课程改革对职业高中课程提出的要求。

为了使中等职业教育课程更好地满足国家和受教育者的需要，更符合2013年课程改革的方向，印度尼西亚职业高中在2013年课程开发的过程中遵循了以下五个基本原则。

第一，相关性原则。这一原则要求新开发的职业教育课程要体现出两种类型的相关性：一种是课程与职业教育内部的相关性，即课程作为职业教育的重要组成部分，要与职业教育的目的、内容、过程和评价等其他环节形成一致的相关关系；另一种是课程与职业教育外部的相关性，即与国际经济发展和产业结构变化形成一致的相关关系，要满足国际经济发展和产业结构变化的需要。

第二，灵活性原则。新的职业教育课程不是固定不变的，既要根据社会的宏观需求，又要结合当地的自然条件、产业结构特点、发展职业教育的能力等因素，在课程实施的过程中进行随时的调整和修改。

第三，连续性原则。受教育者接受职业教育的过程是持续的、不间断的，因此，职业教育课程提供的学习体验应是课堂与工作场所的连续、理论学习与工作实践的连续、动脑思考与动手实践的连续。

第四，实践性原则。从职业教育课程的内容上看，应满足行业企业的需求，涵盖行业企业需要的生产技能，使受教育者在完成学习后能够具备从事生产实践的能力。从职业教育课程的实施过程与方法上看，应在生产实践活动中帮助受教育者形成熟练的实践操作能力，使受教育者能够发现并解决生产实践活动中出现的问题。

第五，效率性原则。强调职业教育课程的效率是为了保证职业教育课程的质量。职业教育课程的效率是一个衡量在规定学时内教育者与受教育者之间教学活动效果的重要指标。具体来说，它指的是在既定的教学时间内，教育者与受教育者通过教与学的双边活动所消耗的时间、精力等与受教育者所获得的学习效果之间的比率。这个比率越高，受教育者在规定学时内获得的学习成果就越多，职业教育课程的效率也就越高。

二、高等职业教育课程开发的流程

根据印度尼西亚《国家教育体系法》和《高等教育法》的相关规定，高等职业教育机构可以自主开发教育课程。《印度尼西亚国家资格框架》《印度尼西亚国家工作能力标准》《关于在高等教育中实施〈印度尼西亚国家资格框架〉的 2013 年第 73 号部长条例》《高等教育国家教育标准》等都是印度尼西亚高等职业教育机构自主开发课程的重要依据。如图 6.1 所示为印度尼西亚高等职业教育机构课程开发基本流程。

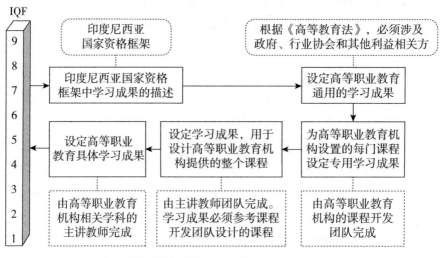

图 6.1　印度尼西亚高等职业教育机构课程开发基本流程

第七章
职业教育发展态势

印度尼西亚国家统计局有关人口的统计显示，2020—2030年，印度尼西亚进入人口红利期，适龄劳动人口数量预计将增长到总人口数的70%左右。适龄劳动人口数量的增长，势必会为印度尼西亚创造更加可观的经济价值。因此，对印度尼西亚来说，发展职业教育，培养出具有熟练工作技能、符合国家职业标准的劳动者是十分必要的。虽然印度尼西亚政府一直致力于职业教育的改革和发展，不断提高职业教育教师的素质，确保职业教育课程的质量，保障学习成果与企业需求相符，使职业教育充分发挥其技术人才培养的功能，但是印度尼西亚的职业教育仍面临着一些问题和挑战。面对这些问题和挑战，印度尼西亚政府正在采取一系列积极的应对措施，不仅力图使其职业教育能更好地服务于国内经济发展，而且还希望通过不断强化职业教育的国际合作，使其职业教育同国际接轨，以应对不断发展变化的国际经济环境。

第一节　职业教育面临的问题和挑战

印度尼西亚的职业教育起步较晚，但发展速度较快。由于重视职业教育，且培养出大量技术型人才，印度尼西亚成为东南亚最主要的经济体之一，在世界经济中的占比也不断增大。近年来，随着科学技术带动的生产技术的更新发展，以及世界经济多元化和全球化的发展，印度尼西亚职业教育需要契合科技和生产的需要，培养出更多新型生产技术人才，以应对新的经济发展趋势。在这个过程中，印度尼西亚职业教育面临着几个亟待解决的问题和挑战。

一、职业学校毕业生能力低于职业标准的要求

随着"多入多出"制度的引入，很多印度尼西亚学生从普通教育轨道转换到职业教育轨道。尽管印度尼西亚社会对职业教育的态度越来越积极，不再将其视为个人职业发展或社会地位提升的障碍，然而，印度尼西亚职业学校毕业生的质量仍然很低。虽然很多职业学校毕业生在毕业前都取得了相应的职业资格，但是他们往往缺少实践经验，且达不到行业企业的入职要求，因此行业企业等劳动力雇主对职业学校毕业生大多持负面看法，认为职业学校毕业生的工作能力低于相应的职业标准，需要在其正式上岗前对其再次进行培训，这样就增加了行业企业的成本。为了减少培训支出，行业企业等劳动力雇主会选择不雇佣职业学校毕业生，这就导致职业学校毕业生的高失业率。根据印度尼西亚国家统计局的数据，截至2023年2月，印度尼西亚职业高中毕业生失业率达9.60%，远高于全国失业率。这在一定程度上反映出印度尼西亚职业学校毕业生的能力偏低，不能满足劳动力市场的要求。

二、职业教育与行业企业需求脱节

印度尼西亚职业学校毕业生的工作能力无法满足劳动力市场的要求，

还同职业学校提供的职业技能教育与行业企业需求脱节有关。

当今时代，生产技术以惊人的速度更新换代，同时也加大了对高素质劳动者的需求。为了满足这一需求，职业教育必须及时传授最新知识和技能，培养出大批适应劳动力市场需要的劳动者。宏观数据显示，印度尼西亚在大规模开办各级各类职业教育机构，计划到2025年将职业学校在公立学校中的比例增加到70%。

尽管如此，印度尼西亚仍将面临技术工人短缺、非技术型人力过剩的问题，这说明其劳动力需求和劳动力可用性之间存在差距。也就是说，印度尼西亚职业教育培养出的劳动者无法满足劳动力市场的需求，职业学校提供的教育内容与企业生产实际脱节，与行业的技能需求不匹配。产生这种情况的主要原因是，目前印度尼西亚的很多职业学校并不了解劳动力市场的就业信息，在人才培养方向上并未考虑劳动力市场的实际需要。

三、缺乏充足的高素质职业教育教师资源

随着各级各类职业教育机构数量的迅速增加，印度尼西亚面临着职业教育教师严重短缺的现实。据相关机构预测，到2025年，印度尼西亚职业教育教师缺口将达到11.1万人。但是，目前印度尼西亚并没有足够的硕士和博士学位持有者在高等教育机构任教，这阻碍了印度尼西亚对职业教育教师的培养。为了缓解职业教育教师数量的短缺，印度尼西亚政府不得不放宽对学历、资格和职前教育的要求，支持非教育类学位持有者从事教学工作，纯学术教育的毕业生也会在毕业后立即被招到各类职业学校任教，甚至一些不符合职业教育教师资格相关规定、没有取得学士学位或学历低于四类大专者都可以进入职业学校担任教育教学工作。

这些非教育学位持有者、纯学术教育的毕业生和学历偏低者既没有教学经验，也没有受过行业培训，因此缺乏相应的教育教学能力和行业技能。另外，部分应届毕业生不了解职业教育的目标，在工作中往往采用高度理论化的方法进行教学，不能为学生提供实际工作技能的训练。

自2011年以来，印度尼西亚为非教育学位持有者和纯学术教育的毕业生提供了职前培训。这些职前培训是由那些有职业教育教师专业教育计

划的大学提供的，因此此类计划仅适用于学士学位持有者或四类大专应用科学学士学位持有者。而那些没有学士学位或学历低于四类大专者由于政府放宽了要求，从而在没有任何职前培训经历的情况下直接进入职业学校工作，导致印度尼西亚职业学校教师队伍整体素质偏低。

四、各地盲目开办职业学校

由于实施了普及高中教育计划，印度尼西亚高中阶段毛入学率逐年提升，2015 年城市的毛入学率为 85.46%，农村的毛入学率为 70.23%，到 2022 年已经分别提升到 88.70% 和 81.23%。印度尼西亚 2022 年高中阶段总毛入学率达到了 85.49%。[①] 同时，印度尼西亚实施的振兴职业高中计划，将普通高中和职业高中数量的比例由原来的 7∶3 调整到 3∶7。随着接受高中阶段教育的人数的不断增长，职业高中的比重不断增大，印度尼西亚各地争相举办职业高中，大多数地区职业高中的数量激增。另外，印度尼西亚还在增加高等职业教育机构的数量，以满足不断增长的高中毕业生的升学需求。

在这种形势下，印度尼西亚各地开始不合时宜、不因地制宜地开办职业学校，而且在职业学校内部的专业设置上也非常盲目，一些在劳动力市场已趋于饱和的专业仍大量招生。例如，2021—2022 学年，印度尼西亚爪哇省职业高中的数量高达 2 619 所，学生总数为 804 274 人，而其中大部分学生主修的是汽车工程专业，加之印度尼西亚其他省份也有大量汽车工程专业的学生，这就导致汽车工程领域的劳动力供过于求。由于需求有限，很多该专业毕业生很难在汽车行业实现就业。然而，在海事、旅游、可再生能源和创意产业等劳动力缺口很大的领域，职业学校的专业设置不足，导致这些领域的劳动力供不应求。这是印度尼西亚在扩张职业教育的过程中盲目开办职业学校、盲目设置专业的后果。

另外，虽然印度尼西亚大量开办职业学校，职业学校学生人数大幅增长，但是职业学校的基础设施和设备数量不足、型号老旧，特别是爪哇省

---

① 资料来源于印度尼西亚国家统计局网站。

以外偏远地区职业学校的设施和设备严重不足。这就表明，印度尼西亚不顾实际情况盲目举办职业学校，其结果是虽然实现了学校数量上的增长，但是教育质量并没有得到保障。设施设备不足，导致学生缺少实际动手操作的机会，严重影响了学生技能学习的效果。

五、高等职业教育缺失

近年来，印度尼西亚着力发展高中阶段的职业教育，大量开办职业高中，但却忽视了高等职业教育的发展，不仅缺少高等职业学校，而且在普通高等学校内与职业教育相关的专业设置也严重不足。例如，印度尼西亚职业高中已经逐步设置焊接技术、可再生能源工程和海事相关的专业，但是高等职业院校却没有开设这些专业。这种高等职业教育缺失的局面，不仅导致印度尼西亚缺少高级技术人才，而且也难以向职业高中输送高素质的教师。可见，印度尼西亚现有高等职业教育不能满足未来职业教育师资的需要，更谈不上为经济生产培养充足的高级技术人才。

第二节　职业教育转型发展

为了解决职业发展中存在的问题，以可持续的、可协调的方式加速职业教育的转型发展，培养出适应工业 4.0 时代的高素质技术技能人才，印度尼西亚政府推出了《关于振兴职业教育和培训》的 2022 年第 68 号总统令。这一总统令提出，振兴职业教育就是要改变职业教育的发展范式，将职业教育的范式从过去的以供应为导向转变为以需求为导向，使职业教育毕业生能够真正满足个人职业发展和社会生产实际的需求。该总统令提出的印度尼西亚职业教育转型发展的具体措施主要包括以下五个方面。

一、建立劳动力市场信息系统，帮助学校了解人力需求

职业教育要以劳动力市场需求为导向，按照劳动力市场的需求培养高素质技术技能人才，就要掌握劳动力市场所需人才的类型。为了解决这一问题，印度尼西亚政府提出设计一个劳动力市场信息系统，帮助职业教育机构快速了解劳动力市场需求，职业教育机构可以参照劳动力市场的需求制定人才培养计划。

目前，印度尼西亚劳动力市场信息系统已经完成开发并投入使用，但其主要目的在于实现空缺职位与求职者的匹配。也就是说，印度尼西亚目前正在使用的劳动力市场信息系统一方面能够帮助求职者迅速查找到适合自己的空缺职位，同时也能够帮助雇佣企业找到自己需要的工作人员。

印度尼西亚人力部推出了一个名为 Karirhub SIAPkerja 的就业信息平台，帮助求职者匹配适合的职位。它除了为求职者提供劳动力市场信息，还提供岗位培训等 12 项劳动技术服务。但是，该平台目前并不是为职业教育量身定做的，其服务使用受到限制，作为劳动力市场信息的来源没有得到更广泛的利用。此外，由于该平台提供的信息在劳动力市场中所占份额还很小，通过它收集的数据还不能充分说明印度尼西亚劳动力市场发展的总体趋势。

综上所述，印度尼西亚要想以劳动力市场为导向发展职业教育，就需要加强教育、文化、研究和技术部同人力部以及相关统计部门的合作，在 Karirhub SIAPkerja 服务的基础上，建设一个能够全面收集劳动力市场信息和职业趋势的平台，以此来分析和预测印度尼西亚产业界对劳动力的需要，并根据分析和预测结果来确定职业教育的内容，确定学校、专业和课程的设置。

二、实施职业高中卓越中心计划，实现与产业的全面协调

为了解决职业教育与产业需求脱节的问题，培养出产业需要的高素质技术技能人才，印度尼西亚政府于 2021 年 3 月启动了职业高中卓越中心计划（SMK Pusat Keunggulan，SMK PK）。该计划是一次全面的突破，能

促使职业教育更好地为印度尼西亚产业发展提供充足的与工作要求匹配的人力资源，实现职业教育与产业的连接。

职业高中卓越中心计划旨在深入而全面地协调职业教育与产业生产之间的关系，培养能够适应产业生产一线工作的高素质技术技能人才或企业经营者。职业高中卓越中心计划所选中的学校将成为其他学校参考的典范，供其他职业高中效仿和学习。职业高中卓越中心计划的实质就是实现职业教育与产业生产的连接和匹配，为了达到这一目的，该计划采取了以下措施：第一，职业高中与产业界根据产业生产需要共同开发课程；第二，采用项目学习的方式，使学生沉浸在真实的工作环境中，确保学生扎实地掌握工作技能，并形成坚韧的品格；第三，增加企业出身的教师和专家的人数，最大限度地发挥他们的作用，这些教师和专家每学期至少承担50学时的教学任务；第四，增加实践课程，至少要有一个学期的实地考察或行业企业实践；第五，对毕业生所具备的能力和教师职业能力的认证必须符合产业生产的标准和需求；第六，教师必须通过定期培训来更新自身的知识和技术；第七，开展应用研究，根据案例或实际产业需求支持教学工厂；第八，指导毕业生就业，帮助他们进入产业生产领域；第九，教育、文化、研究和技术部为了鼓励职业高中与产业的进一步合作，开展了奖学金合作、建立官方合作关系、捐赠实验室设备等活动。

2021年，印度尼西亚有895所职业高中成为职业高中卓越中心计划的首批成员，这些职业高中的专业涵盖了创意经济、机械和建筑、酒店、护理服务、海事、农业和对外合作等七个领域。这些职业高中是印度尼西亚职业教育转型的先行者，是职业高中学生和教师参与行业实践的创新典范。职业高中卓越中心计划强调职业高中本身的卓越背景，它的实施不仅意味着能够培养出优秀、熟练、称职的劳动者，填补印度尼西亚劳动力资源的空缺，同时也意味着其他职业高中在这些典范的示范引领下能够迅速转型，实现与产业需求的对接。

由于职业高中在提供优质的工业劳动力资源方面发挥着重要作用，印度尼西亚工业部也参与到促进职业教育与产业连接和匹配的过程中。工业部与职业教育机构的合作，能够推动印度尼西亚的工业生产，使印度尼西亚经济在全球舞台上更具竞争力。

印度尼西亚教育、文化、研究和技术部为职业高中卓越中心计划提供了以下支持：第一，重视职业高中教师的专业发展，通过强化培训和指导计划提高校长、学校主管和教师的素质，使他们有能力引导和管理学生基于工作的学习；第二，强化对学生技能学习的指导，使他们具备工作需要的能力和职业品格；第三，通过提供赠款援助来加强实践教学环节，以改善基础设施为重点，为学生提供标准化的实践设施；第四，运用数据对学校进行管理，包括基于数据的评估和数字平台的使用；第五，加强高校对职业高中的指导；第六，中央与地方政府加强可持续的合作，共同支持职业高中建设。其中，最重要的是通过高校指导实现中等职业教育水平的提高。印度尼西亚政府认为，鼓励具有良好经验和业绩成果的高校指导职业高中与产业合作，并加强对合作项目的规划和管理，有助于保持高校和职业高中双方在专业知识和能力发展方面的连续性。

三、高等职业教育同行业的连接和匹配

印度尼西亚发展职业教育的基本原则之一就是要加强职业教育与产业、工商业的联系，满足产业与工商业对高素质技术技能人才的需求。印度尼西亚在 2021 年制定了"连接和匹配"的计划，该计划可以解决高等职业教育不足且与行业需求脱节的问题，具体做法包括实施三类大专升格四类大专教育计划（Upgrading D3 menjadi D4 adalah program）、设立职业高中"二类大专快速通道"（SMK–D2 Fast Track）项目。

（一）三类大专升格四类大专教育计划

为了满足行业对高级技术人才的需求，印度尼西亚高等职业教育将与行业实现高度的连接和匹配，与行业一起实施三类大专升格四类大专教育计划。该计划并不是要摒弃三类大专教育计划，而是在原有三类大专的基础上，将其升格到四类大专。高等职业院校要实现从三类大专到四类大专的升格，必须满足一些条件：第一，要与行业建立实质性的联系，例如开发教育课程时要与行业互动；第二，要进行各种评估，判断是否具备文凭

升级的条件，评估结果至少要达到 B 级或是公认优秀的三类大专教育；第三，申请从三类大专升格到四类大专的院校必须准备好四类大专教育的章程，保证升格后的教育计划有据可依、有章可循。符合条件的高等职业院校可以自行选择是否升格。

高等职业院校从三类大专升格到四类大专后，培养出的毕业生将更加符合印度尼西亚行业的需求。在印度尼西亚，四类大专的学历等同于四年制本科学历，毕业生将获得应用科学学士学位，并有机会成为生产现场的监督者、管理者、应用产品的设计师乃至企业家，而三类大专的毕业生主要会成为熟练的技术工人。因此，高等职业院校从三类大专升格到四类大专，不仅提升了高等职业教育的水平，也为毕业生提供了更广阔的职业发展空间。通过更深入的学术培养和实践培训，四类大专的毕业生具备了更强的综合能力和专业素养，能够在各自领域中发挥更大的作用，满足快速发展的经济和社会对高素质技术技能人才的需求。

为了实现高等职业院校从三类大专升格到四类大专，必须对课程进行全面改革。印度尼西亚的职业教育专家指出，产业生产不仅需要技术能力（硬技能），更需要交流能力、领导能力和合作能力等多方面的非技术能力（软技能）。因此，高等职业院校的课程设置应该调整为 60% 的实践课程和 40% 的理论课程。这种比例的设计旨在确保学生在实际操作中获得充分的技能培养，同时也不会忽视理论知识的学习。为了更好地培养学生的软技能，四类大专的第一学期课程主要强化这些方面的训练，同时也会开展必要的硬技能培训，这种课程设置的目标是培养出既具备扎实技术基础，又具备良好非技术能力的高素质技术技能人才。四类大专教育与本科教育的主要区别在于，尽管两种教育途径都要求学生完成 144 学分的学习，但四类大专教育的实践课程占比明显高于本科教育。

为了实现三类大专到四类大专的升格，印度尼西亚制定了"8+i 连接和匹配方案"（Paket link and match 8+i），如图 7.1 所示。该方案提出，由产业界和商业界共同开发课程，根据产业界和商业界的要求对教师和学生的能力进行认证，定期邀请来自行业的专家开展教学。

"8+i 连接和匹配方案"中的"8"是固定的，"i"是可变的，主要表现为高等职业院校与企业之间的合作，例如向高等职业院校提供经济资助、减免企业公共费用或企业所得税等。"*i*"的这些措施不仅可以解决高等职业院校学生因实习而增加开销的问题,也可以解决企业因接收实习学生而导致总收入减少的问题。这些措施是职业教育的特殊动力,也是对高等职业院校从三类大专提升为四类大专的激励。

1. 课程重组
   加强软技能训练,完善硬技能,使课程适应产业生产的要求。

2. 基于工作任务的学习
   在工作任务中学习软技能和硬技能。

3. 增加具有生产经验的教师的教学时数
   每学期或每个学习项目不少于50学时。

4. 实习或工作
   至少1个学期。

5. 能力认证
   毕业生和教师的能力都要符合职业标准和要求。

6. 教师专业发展
   在产业生产中了解产业技术更新,接受培训。

7. 开展应用研究
   支持教学工厂和其他实践教学环节。

8. 就业协定
   企业吸收职业院校毕业生,实现就业。

+ *i*

图7.1 印度尼西亚"8+*i*连接和匹配方案"

(二)设立职业高中"二类大专快速通道"项目

为了推进高等职业教育的发展,印度尼西亚政府还设立了可以使职业高中的学生直接获得二类大专文凭的"二类大专快速通道"项目。印度尼西亚自2022—2023学年开始积极推进该项目,参加该项目的学生在职业高中学习满6个学期,总学分经学习成果认定机制认定达到12—20分,就可以通过"二类大专快速通道"升入二类大专。通过学习成果认定机制认定的 12—20 学分，相当于二类大专 1 个学期的学习成果。之后，学生需要再完成 1 个学期的理论学习和 2 个学期的工作现场实习，获得至少 72 学分，即可获得二类大专文凭。

通过"二类大专快速通道"获得二类大专文凭的毕业生，其职业资格将达到印度尼西亚国家资格框架中的 4 级水平。这些毕业生除了就业，还可以选择继续学习，获得三类大专文凭乃至四类大专文凭。

"二类大专快速通道"培养出的毕业生具备与行业要求契合度较高的专业领域知识和基本技能，因此该项目在实现职业教育与产业的"连接和匹配"、使职业教育更接近产业界和商业界要求的过程中，发挥了巨大作用。

四、基于能力培养的职业教育

为了更好地满足职业和行业的需求，印度尼西亚采取了一些策略来调整职业教育课程，主要包括根据专业排序确定职业教育的专业设置，以及采取双系统的职业教育方式。

（一）职业教育专业排序

在印度尼西亚，职业教育的发展与国家劳动力市场和行业需求紧密关联。为了确保毕业生能够顺利融入就业市场，印度尼西亚的职业教育体系采取了根据市场需求优先级来确定和调整专业设置的策略。

首先，印度尼西亚职业教育机构深入分析了劳动力市场和各个行业对专业技能的需求，并将这些需求按照优先级进行排序。这一步骤至关重要，因为它为专业设置提供了明确的方向，有助于确保教育资源被优先投入更紧缺的专业领域。

其次，基于市场需求优先级，印度尼西亚职业教育机构开始调整和优化现有的专业设置。对于需求量大的专业，职业教育机构增加了招生名额，并加强了相关课程的开设；对于需求量较小的专业，则适当缩减招生名额，以更好地适应市场变化。

为了确保毕业生具备与市场需求相匹配的能力，印度尼西亚职业教育机构还加强了与行业企业的合作。通过与行业企业的紧密合作，职业教育机构能够更准确地了解行业发展趋势和人才需求，从而更加精准地设置和调整专业。此外，职业教育机构还积极邀请行业企业参与课程设置和教学过程，确保毕业生具备实际工作中所需的核心技能和素养。

在专业设置和课程调整的过程中，印度尼西亚职业教育机构还注重对毕业生胜任力的培养，通过实践教学、实习实训等方式帮助学生将所学知识应用于实际工作中，提升他们的实践能力和综合素质。

总之，通过根据市场需求优先级确定专业设置并持续优化调整的策略，印度尼西亚的职业教育体系有效地提升了毕业生的就业竞争力。这一策略不仅为毕业生提供了更多的就业机会，也为国家的经济发展和社会进步做出了积极贡献。

（二）双系统的职业教育

印度尼西亚还通过双系统的职业教育让学生发展自己的能力。印度尼西亚的双系统职业教育类似于双元制，指职业教育的学习者既要在产业生产现场的工作活动中学习专业技能，同时也要在学校内部系统地接受专业教育。

从本质上讲，印度尼西亚的双系统职业教育是一种使学生更接近工作现场的职业教育策略，它要求教育者在职业学校、社区、企业或行业层面改变思维方式和技能教授方式。局限于学校内部的单系统教育方式仅仅依靠教师主导整个教育过程并做出评价，双系统的教育方式除了仍然要求教师主导外，还需要相关企业管理者和生产者共同参与教育过程的综合策划、实施和评价。企业的参与不仅能帮助职业学校准确地把握企业对技能类型和层级的需求，而且还为职业学校提供了在工作实践中强化技能的训练。因此，印度尼西亚的双系统职业教育是一种以能力为导向的职业教育模式，能够可持续地为企业培养出符合技术发展和行业需求的劳动力。

印度尼西亚的双系统职业教育主要包括以下三个方面。

1. 课程

双系统职业教育的课程设计以产业生产为中心，包括校内学习阶段的课程和产业生产现场实践阶段的课程，并指向预设的学习目标。双系统职业教育的所有课程都是为了支撑特定领域工作技能的培养而设计的，具有职业性和实践性。

目前，印度尼西亚政府正在向着双系统的方向调整三年制职业高中和四年制职业高中的课程。在学习项目开发和课程设计的过程中，参照印度尼西亚国家资格框架制定了毕业生能力标准，并把毕业生能力标准作为双系统职业教育课程的开发、实施，以及学习结果评价的基本参考依据。

2. 工作实践

印度尼西亚的双系统职业教育强调工作实践环节。工作实践的过程中要体现出对课堂学习和训练内容的应用，要让学生在工作实践的过程中认识到自己掌握的知识和技能对自己、对他人、对生产的作用，所学知识和技能被企业认可，会让学生更有信心。在印度尼西亚，职业高中通常使用可调整的学习模块系统，以满足工作实践环节的需要。

印度尼西亚三年制职业高中为学生提供了充足的实践学习模块。第一学期，学生主要学习基础理论课程，例如数学、语言和通用技能，并开始接触所选专业领域的基本知识。第二学期，学生继续深入学习专业基础理论知识，并开始在校内实训室进行专业技能的实践训练。第三学期，学生将学习更加专业化的理论课程，并在实训室进行更加复杂的实践操作。第四学期是理论与实践并重的阶段，学生将在校内实训室进行综合性实践训练，并开始为期 1—3 个月的企业实习。第五学期，学生主要完成企业实习，同时完成毕业论文或综合性项目，并参加职业技能考试和认证。第六学期，学生继续在企业实习，完成毕业论文或项目，并准备就业。总的来说，三年制职业高中旨在通过校内实训和企业实习相结合的方式，全面培养学生的理论知识和实践技能，为他们顺利进入职场做好充分准备。

印度尼西亚四年制职业高中的工作实践组织严谨有序。第一学年，学生主要在学校实训室进行基础职业技能的学习，通过实践训练掌握一部分职业技能。第二学年，学生进入初级专业化阶段，前 6 个月侧重于工作能力的实践，而后 6 个月则在学校实训室接受与企业生产相关的基础培训，以巩固和拓展基本职业能力。第三学年，学生接受更高级别的实践训练，前 6 个月，学生将参与企业实习实践，亲身体验职业环境，并强化职业技能；后 6 个月，学生将专注于资格转换、准备国家考试和认证。这一阶段的实践聚焦于职业的专业化领域，旨在为学生的未来职业发展打下坚实的基础。第四学年，学生将进一步提升职业技能和现场应对能力，前 6 个月，学生将继续在企业实习，专注于职业领域的专业性和职业现场所需的特殊技术，同时还将继续准备资格转换、国家考试和认证；最后 6 个月，学生将进行企业实习，完成毕业论文，并参加职业技能考试和认证，全面检验和提升自身的职业素养和实践能力。

3. 教学工厂

职业教育是产业发展的主要驱动力，与产业的关系十分密切。职业教育为产业生产培养专业的技术性劳动力，其质量在一定程度上决定了经济的增长速度。然而，职业教育往往并不能持续地跟上技术进步的步伐，因此职业教育仍然很难为产业发展提供适合的人力资源。为了使职业教育为产业革新做出贡献，印度尼西亚采用教学工厂的方式实施双系统职业教育，以加强产业界和职业教育之间的联系。

教学工厂是职业学校为培养符合劳动力市场要求的毕业生，与企业协作共同提供教育的技能教育模式。印度尼西亚职业学校的教学工厂利用企业生产现场的环境、氛围、管理程序和生产标准，根据企业生产要求构建职业技能模块，提供该技能模块的实操训练。教学工厂要求学习者完全参与到以生产为基础的学习过程中，按照企业生产的标准和工作规则完成生产任务，根据生产任务完成的情况检验学习者的学习成果并进行职业能力等级的认证。教学工厂内的生产活动是职业教育课程的一部分，因此，这部分生产活动产出的产品应按照相应的规定处理，不得用于营利。

印度尼西亚的教学工厂在基于能力的双系统职业教育中发挥了巨大的作用。教学工厂帮助学习者了解相关生产质量标准和企业生产的一般流程，使学习者获得从事企业生产工作的能力，帮助学习者实现更高的技能学习效率。此外，教学工厂还注重训练学习者解决问题的能力，以及在产品升级和产业革新方面的创新创造能力。

五、强化职业教育质量保障

印度尼西亚的职业教育质量保障是包括实施职业教育质量控制框架在内的综合措施。质量保障是确保职业教育充分发挥其功用的重要举措，印度尼西亚既致力于确保职业教育机构的教育质量，同时又注重对职业教育毕业生能力的保障。

（一）职业教育机构的质量保障

印度尼西亚相关法令规定，职业教育机构必须通过专门认证才可以运营。职业教育机构的认证是由主管或授权方系统地给予正式认可的过程，表明该机构已符合开展职业教育活动的要求。

为了加快职业教育机构质量认证的实施，印度尼西亚通过全方位的资源支持确保认证过程的高效、透明和公正。这些资源支持包括调配由具备专业知识和技能的审查员和评估员组成的人力资源，提供充足的财政资金支持认证活动、实施改进措施，利用现代技术提升认证过程的效率和准确性，制定相关法律和政策框架确保认证工作的规范运行，以及积极寻求国际合作、借鉴国际经验、提升认证过程的国际一致性和可接受性。同时，这些职业教育机构还必须根据相关法规、政策条例统一认证规章，形成机构认证的联合准则。

印度尼西亚国内的职业教育认证机构主要有国家专业认证委员会、国家学校/宗教学校认证委员会、国家高等教育认证委员会和职业培训中心认证机构等，这些认证机构具有国家性质，是国家一级的认证机构。

此外，印度尼西亚为了保证职业教育的质量，还接受国际认证机构的加入，特别是由高等教育机构组成的国际认证机构，例如东盟大学联盟质量保障（ASEAN University Network–Quality Assurance，AUN–QA），国际工商管理认证基金会（Foundation for International Business Administration

Accreditation，FIBAA）、护理教育认证委员会（Accreditation Commission for Education in Nursing，ACEN）、美国技术、管理和应用工程协会（The Association of Technology，Management，and Applied Engineering，ATMAE）、美国工程与技术认证委员会（Accreditation Board for Engineering and Technology，ABET）、日本工程教育认证委员会（Japan Accreditation Board for Engineers Education，JABEE）等，这些国际认证机构使用不同的认证模式和机制。

印度尼西亚利用这些国内和国际职业教育认证机构衡量国内职业教育机构的水准，向公众保证职业教育机构具备提供符合质量标准的职业教育服务的条件，能够培养出符合职业能力标准的毕业生，成为指导和发展生产力的有效工具。

（二）学生能力保障

学生能力保障的最有效途径是对职业教育学生进行职业资格认证。学生职业资格认证是动态的，认证结果是有时间限制的，一般有效期为3—5年。学生职业资格认证的方式由独立、可信和有授权的认证机构制定。印度尼西亚职业教育学生要通过职业资格认证，就必须通过根据印度尼西亚国家职业资格认证标准、特定职业资格认证标准或国际职业资格认证标准设置的测试，这些测试的过程是系统的、客观的。职业教育学生职业资格认证不仅包括对实习生职业资格的认证，还包括对毕业生职业资格的认证。

为了确保职业教育学生能够有效应对就业市场的挑战，印度尼西亚职业教育总局与国家职业资格认证局、其他相关部委机构和工商界紧密合作，共同制定、批准并实施了针对职业高中和高等职业院校的国家资格框架认证方案和职业资格认证方案。这些方案共有197项，于2023年8月全面启动。① 这些认证方案是基于印度尼西亚全国范围内已确定的工作岗位需求而设计的，旨在及时回应行业需求的动态变化，加强教育界与产业界之间的联系。在制定这些方案的过程中，各方积极参与密切合作，确保了方案的有效性和实用性。通过这些认证方案的实施，职业教育学生的竞争力得到了显著提升，他们也因此获得了更多顺利进入就业市场的机会。

---

① 资料来源于印度尼西亚教育、文化、研究和技术部网站。

另外，一些特殊领域的认证由相关领域的专门机构完成，例如海员的个人能力认证由国际海事组织（International Maritime Organization，IMO）等国际组织承担。还有一些技术能力认证由开发商、品牌供应商等承担，例如在信息技术领域，有国际商业机器公司（International Business Machines Corporation，IBM）、微软、华为等企业提供相关认证。

能力认证的作用在于确定职业教育学生的能力水平，衡量国家人力资源竞争力水平，帮助雇主招聘适合企业发展的劳动力，促进人力资源在国内和国际上的流动，同时还可以作为企业确定劳动报酬的依据。

职业教育质量保障需要职业教育机构与产业界共同努力。印度尼西亚为了加强职业教育质量保障，要求职业教育机构必须与商业界、产业界合作。同时，印度尼西亚正在加强职业教育质量保障的计划性、结构性和可持续性，以便有力保障职业教育的实施，培养出在国内和国际劳动力市场上都有强大竞争力的毕业生。

第三节　职业教育国际合作

印度尼西亚是一个人力资源丰富的国家，印度尼西亚政府也十分重视发展职业教育，以此来改善人力资源的素质。但是，印度尼西亚的职业教育仍然存在很多自身无法解决的问题，仍然难以满足国内外劳动力市场的需求，职业学校毕业生失业率居高不下。为了解决职业教育存在的问题，消除职业教育发展过程中的屏障，印度尼西亚积极与世界各国进行职业教育的交流与合作。

本节将以印度尼西亚与德国、新加坡和中国的职业教育合作为例，阐述其职业教育国际合作的现状，并分析未来其职业教育国际合作的方向。

一、与德国的合作

职业教育是德国国民教育体系的重要支柱，是德国社会经济的有力支撑。德国视职业教育为培养合格国民、提高国民就业能力的重要途径。德国实行双元制的职业教育体系，通过职业学校与企业的合作培养高素质的专业技术人员。德国职业教育的双元制将公立职业学校与私营企业结合，强化学生的理论知识应用与实践能力。德国把提供咨询服务作为职业教育国际战略的主要任务，以此加强多边的国际合作。

印度尼西亚为了降低失业率、解决职业教育与劳动力市场脱节的问题，与德国展开职业教育的国际合作。印度尼西亚于 2017 年与德国签署了《印度尼西亚与德国关于加强和深化职业教育领域的伙伴关系的意向声明》，印德双方同意加强职业教育双边合作伙伴关系，由德国为印度尼西亚职业教育提供资助。① 根据该声明，印度尼西亚与德国的职业教育合作主要聚焦在八个方面：第一，德方提供专业技术支持，协助印方推进国家级职业教育的系统性改革，协助解决改革中的核心问题，引导个人和机构在职业教育中的深度参与，以及在全国范围内推广和应用特定的职业教育工具、方法和资源；第二，支持在印方选定的部门和地区采取综合办法解决就业和广泛的商业问题；第三，推动印方中等职业教育与高等职业教育之间的联动系统发展，构建更为完善的教育链条；第四，实施职业教育教师教育计划和教师交流计划，提升印方职业教育教师的专业素养；第五，强化职业教育机构与两国企业之间的紧密合作，以便更好地将生产实践融入职业教育；第六，与企业紧密协作，通过引入实用内容，提升职业标准和课程的质量与广度，并支持认证体系的发展与完善；第七，为印方特定的职业教育机构派遣短期专家，提供技术指导和专业支持；第八，为职业教育项目和方案提供财政支持，确保项目的顺利实施和可持续发展。②

印度尼西亚力图通过与德国的职业教育合作，实现劳动力向德国的输出。德国是一个对技术人才需求很大的国家，但是从德国人口统计数据可

---

① ASTRID WIRIADIDJAJA, LELLY ANDRIASANTI, ANDREA JANE. Indonesia-German Cooperation in Vocational Education and Training [J]. Journal of Local Government Issues, 2019, 2（2）: 187.

② Joint Declaration of Intent between the Government of the Republic of Indonesia and the Government of the Federal Republic of Germany on the Strengthening and Deepening of the Partnership in the Field of Technical and Vocational Education and Training.

以看出，德国面临着人力资源短缺的问题。自 2015 年以来，德国 15—24 岁的人口一直在大幅度减少，导致德国未来的适龄劳动者稀缺，德国即将成为欧盟中对技术人才需求最多的国家。这对于印度尼西亚来说是发展职业教育、输送技术人才到德国的一个机遇。印度尼西亚希望通过与德国在职业教育领域的合作，培养出适应德国技术人才标准的毕业生，弥补德国技术人才的空缺。

印度尼西亚在与德国职业教育合作的过程中也面临着一些问题，其中最主要的就是印度尼西亚无法在全国成功推广德国双元制的职业教育体系。这是由于，虽然双元制职业教育体系在德国国内发挥了巨大的作用，但无论是德国对双元制职业教育体系的输出，还是印度尼西亚对双元制职业教育体系的引进，在很大程度上都是不可持续的。为了解决这一问题，印度尼西亚正在关注德国与其他国家合作过程中因双方的不可持续性而引发的后果，以便找到解决办法。① 例如，在德国与菲律宾合作的案例中，德国输出的不可持续性导致双方的合作没有达到预期效果，合作的质量、效率和影响力都不尽如人意。又如，韩国在引进德国双元制职业教育体系的过程中，因本国政策的不可持续性而导致引进失败。韩国在 2005 年人力资源开发服务会议上提出引进德国双元制职业教育体系的计划，为了刺激韩国企业提供职业培训，还对提供职业培训少于政府要求数量的企业征收更高的税款。当这种税收政策使企业增加了培训数量后，韩国政府开始降低税率，而企业提供的职业培训数量也随之下降。这表明，韩国企业没有意识到引进德国双元制职业教育的重要性，只是不愿承担高额税款才提供了企业培训，而韩国高税率政策的中断，直接导致了韩国引进双元制职业教育的失败。这两个案例都凸显了合作过程中的不可持续性对合作效果产生的负面影响。对于印度尼西亚来说，从这些案例中吸取教训，确保在与德国合作时能够制定出具有可持续性的政策和措施，是至关重要的。这不仅需要深入了解合作双方的实际情况和需求，还需要在合作过程中不断调整和优化合作策略，以确保合作的长期稳定和有效。

---

① ASTRID WIRIADIDJAJA, LELLY ANDRIASANTI, ANDREA JANE. Indonesia-German Cooperation in Vocational Education and Training [J]. Journal of Local Government Issues, 2019, 2（2）: 189.

二、与新加坡的合作

除了与西方发达国家的职业教育合作，印度尼西亚还积极与周边的东南亚国家加强职业教育合作。印度尼西亚与新加坡共同推行了职业教育数字化计划，以促进制造业更快速、更有效地实现数字化转型。印度尼西亚与新加坡的职业教育合作将使两个国家的职业教育都得到改善。

目前，印度尼西亚共有 51 所职业高中的教师和学生参与上述计划。在后续的合作过程中，印度尼西亚将有更多的职业教育机构、团体、组织和个人参与进来。参与者通过该计划能够了解工业 4.0 在新加坡职业教育体系中的影响和作用，学习到将工业 4.0 整合到职业教育中的经验。印度尼西亚为此推出了评价工业 4.0 程度的工具——印度尼西亚工业成熟度指数（Indonesia Industry Readiness Index，INDI），印度尼西亚的职业高中借鉴新加坡的经验，开始参照本国的工业指数根据行业需求量身定制职业教育课程，使职业教育课程充分实现与行业的连接和匹配。

印度尼西亚与新加坡的职业教育数字化计划，并不是新加坡单方面对印度尼西亚的职业教育输出，而是双方互助共同发展的过程。在此计划的执行过程中，不仅印度尼西亚一方的职业教育向着数字化方向升级改造，新加坡的职业教育也在合作过程中获得了数字化的发展。例如，新加坡也推出了评价工业 4.0 程度的工具——工业智能指数（The Smart Industry Readiness Index，SIRI），新加坡高等职业教育机构的学习者通过该指数对他们接受的职业教育进行评价。工业智能指数包含了整套框架与工具，能帮助不同行业和规模的制造企业开启、扩张或继续推进其工业转型进程，涵盖了实现工业 4.0 的三项核心要素——流程、技术和组织，由此反映出新加坡职业教育数字化程度。

三、与中国的合作

印度尼西亚认为，中国经济的发展离不开职业教育的支持，职业教育的快速发展助力中国成为世界第二大经济体。印度尼西亚政府看到职业教育在中国社会经济发展中的巨大作用，积极建立与中国职业教育的联系，促进与中国的职业教育合作。印度尼西亚支持中国企业在印度尼西亚的发展，并希望通过中国企业的职业培训完善和发展印度尼西亚的职业教育。

印度尼西亚与中国在职业教育领域的合作主要有四种形式。第一种是两国职业教育机构之间的合作，通常是由中国的职业教育机构招收印度尼西亚留学生，对他们实施汉语和职业教育领域的学历教育。第二种是印度尼西亚允许中国在印度尼西亚设立职业教育机构，引进中国高质量的职业教育和先进的产业技术，最有代表性的是"鲁班工坊"。"鲁班工坊"是中国天津率先主导推动建设的职业教育国际知名品牌，以鲁班的"大国工匠"形象为依托，将天津作为国家现代职业教育改革创新示范区的优秀职业技术和职业文化，通过学历教育与职业培训的方式向对象国家输出，搭建起中国职业教育与世界沟通的桥梁。2016 年 11 月，天津市东丽区职业教育中心学校与印度尼西亚东爪哇省波诺罗戈市第二职业学校签署共建鲁班工坊合作协议。2017 年 12 月，印度尼西亚鲁班工坊项目建设启动仪式正式举行。第三种是促使在印度尼西亚的中资企业成为职业教育交流的媒介。随着中资企业在印度尼西亚的数量不断增加，中资企业的职业培训也随之输出到印度尼西亚。中资企业的职业培训可以培养出大批语言和技能复合型的人才，不仅可以满足中资企业的人力需求，也带动了印度尼西亚本国企业高素质技术技能人才的成长与发展。第四种是印度尼西亚通过"中国职业技术教育援外培训基地"实现本国职业教育官员和院校骨干教师的专业发展。[1]

四、印度尼西亚职业教育国际合作展望

职业教育在发展国民经济、技术进步和应对全球化挑战方面发挥着重要作用。在工业 4.0 时代，职业教育是培养高素质技术技能人才的重要途径。为了充分发挥职业教育的功用，使职业教育达到国际化水准，印度尼西亚持续加强同他国的职业教育交流与合作。今后印度尼西亚职业教育的国际合作可以侧重以下几个方向。[2]

---

[1] 赵长峰，李云龙. 中国与印度尼西亚职业教育合作现状、问题及对策研究［M］// 韦红. 中国与印度尼西亚人文交流发展报告：2020. 北京：社会科学文献出版社，2020：29-48.

[2] OECD. Reviews on Local Job Creation: Employment and Skills Strategies in Indonesia［R］. Paris：OECD，2020.

（一）协调职业教育各参与方的合作关系

印度尼西亚职业教育由不同的部门和各级政府共同管理。教育、文化、研究和技术部负责从总体上监督职业教育，各级地方政府管理各自辖区内的职业教育，人力部不仅在中央一级进行总体上的管理，还在地方设有办事处直接管理各地的职业教育机构。另外，印度尼西亚的各个县（市）级行政单位可以自主使用预算开展特定的职业教育活动。由此可见，印度尼西亚职业教育体系较为复杂，呈现出层次多样、途径多元的形态。对于这样的职业教育体系的管理也必然是多头负责，多重管理。

事实上，印度尼西亚职业教育的管理体系已形成从国家到地方的纵向管理、从行政管理到质量管理的横向管理体系。由于管理体系的复杂性，印度尼西亚职业教育出现要么过度管理、要么无头管理的情况。这就使印度尼西亚一些规范职业教育的政策法规和振兴职业教育的战略规划落实不到位，被过度管理的职业教育机构很难发挥自身的灵活性去应对多变的劳动力市场，被疏忽管理的职业教育机构也很难培养出满足劳动力市场需要的高素质技术技能人才。在这样的局面下，中央和地方政府时常会在总体上对职业教育提出不一致的要求，使地方职业教育活动无所适从。国际的经验表明，各管理部门之间的有力协调是促进职业教育适应社会发展的前提，例如澳大利亚和德国的职业教育管理部门、教育机构、学生、企业等所有与职业教育相关的利益群体之间都形成了高度的合作关系。同样位于东南亚地区的菲律宾，早在 20 世纪 90 年代中期就成立了技术教育和技能发展局（Technical Education And Skills Development Authority，TESDA），统一领导和协调职业技术教育与培训工作。菲律宾的技术教育与技能发展局由一个秘书处、一个以劳动和就业部代表任主席的委员会组成。其中，秘书处负责职业教育政策的制定与实施，委员会则由雇主、行业代表和职业教育机构组成，负责协调菲律宾的职业教育系统，参与职业教育的政府机构都须派代表参加，从而简化了机构间的沟通流程，使机构间沟通更加有效。

印度尼西亚在后续的国际合作中，为了更有效地发挥职业教育的作用，不仅要从职业教育的内部着手去完善其途径、内容与方法，还要学习他国合理的职业教育治理方式，不断完善自己的职业教育管理体系，明确职业教育管理机构的分工，加强职业教育管理机构之间的沟通和协作，最大程度发挥它们的管理、辅助和引导作用，从而实现协调职业教育参与各方利益的目的。这是印度尼西亚职业教育应对未来的机遇和挑战的关键。

印度尼西亚参考国际经验，根据相关要求成立全国职业教育促进与实施协调小组，协调各部门和各机构开展职业教育。全国职业教育促进与实施协调小组的主要任务包括几个方面：第一，通过中央和地方层面统筹协调参与职业教育的相关利益主体，促进印度尼西亚职业教育有效、全面、统一实施；第二，制定职业教育发展的国家战略，组织协调参与职业教育的相关利益主体执行战略计划；第三，调整、同步化与职业教育相关利益主体的工作，使印度尼西亚职业教育得到活性化的发展。

（二）加强企业雇主的参与

企业雇主的积极参与，是职业教育发展的强大动力。企业雇主往往更有能力确定当前工作领域内新兴和不断变化的技能需求、改革不适应企业生产需要的课程、更新落后的实训基础设施和技术等，能够更敏锐地感受到职业教育与劳动力市场需求的差距，能够促进供应型的职业教育转变为需求驱动型的职业教育。

需求驱动型的职业教育往往能够以敏捷性和灵活性应对不断变化的劳动力市场，满足劳动力市场的技能需求。企业雇主参与到职业教育的治理中，特别是参与到职业教育政策的制定和实施过程中，对非正规职业教育和非正式职业教育规模庞大的国家来说尤为重要。因为传统的参与机制不太可能触及非正规和非正式的机构和私营部门。然而，在印度尼西亚，企业雇主并没有系统地参与职业教育的设计、开发和实施，即便有参与，也是临时性的。

印度尼西亚在未来的职业教育国际合作中，要学习国际上鼓励企业参与职业教育体系的做法，让企业对职业教育的方向、专业、课程和实践环节提出要求，让职业教育更加切合企业生产的实际需要。

（三）开发技能评估和预测系统

技能评估和预测系统是生成有关劳动力市场当前和未来技能需求信息的工具，有助于实现技能与劳动力市场需求的匹配。技能评估和预测系统可以采取职业预测、特定技能评估等形式。欧洲国家普遍开展技能评估和预测活动，但在技能定义、时间跨度、频率、使用的方法上会存在实质性差异。大多数国家根据资格水平、类型或学习领域来衡量技能需求。然而，这种方法存在的问题是，教育证书不一定与工作所需的技能相对应，并且持有相同证书的个人在执行工作的能力方面可能存在很大差异。职业预测也是技能评估和预测的常用方法，它基于特定行业的增长趋势，能够更准确地反映未来的技能需求。通过综合考虑经济发展、技术进步和社会变迁等因素，职业预测可以为教育机构提供有价值的参考，帮助他们调整课程设置和培训内容，以更好地满足劳动力市场的需求。

同为东南亚国家的马来西亚就为印度尼西亚提供了可供参考的案例。自 2016 年以来，马来西亚的关键技能监测委员会每年发布一份重点职业清单，一些技术成熟、需求量大、对经济发展具有战略意义的职业都会被列入该清单。这份清单将关键技能监测委员会自上而下的定量分析与利益相关者自下而上的定性证据相结合，能在很大程度上反映马来西亚某些职业领域技能人才短缺的情况。

虽然各国开展技能评估和预测活动的方法各不相同，但综合定量和定性信息来源的整体方法被认为是一种效果良好的做法。印度尼西亚在未来的职业教育国际合作的过程中，应加强与合作国之间的技能预测合作，对影响劳动力市场的因素做出预测，以评估本国职业教育未来的发展。

（四）助力从学校到职场的过渡

在印度尼西亚 15—24 岁的年轻人当中，只有不到一半的人通过劳动力市场获得工作岗位。因此，印度尼西亚必须有针对性地开展职业教育计划，以促进 15—24 岁的年轻人就业。但是，很多年轻人在进入职场的过程中遭遇了各种具体的障碍，因此需要为其提供有针对性的支持和咨询。

印度尼西亚可通过国际合作借鉴菲律宾和越南的经验，帮助年轻人实现从学校到职场的顺利过渡。

菲律宾实施了一项"工作起始"计划，该计划主要针对18—24岁的求职者、高中毕业生、社会失业者以及其他没有工作经验的人。该计划包括全面的就业便利服务，例如登记、评估、一对一职业指导、技术培训、工作匹配，以及转介给雇主进行进一步的技术培训、实习或就业。

越南成立了名为REACH的非营利组织，专门为越南那些边缘化的15—30岁的年轻人提供职业培训、职业咨询和就业安置服务。到目前为止，REACH为这些年轻人提供了10项为期2—6个月的强化培训，包括生活和工作准备技能培训，旨在为他们找到工作并适应工作提供支持。REACH的课程分为信息化类（如平面设计、3D建模等）和酒店管理类（如五星级酒店服务、烹饪、餐饮、家政等）。该项目与当地组织和社区紧密合作，找到了年轻人经常聚集的地方，并与他们进行面对面的沟通交流，协助其参加培训或就业。为了确保满足企业雇主的需求，REACH与企业合作以确定员工所需具备的技能，并根据企业需求进行教育课程的调整。

（五）发展非正规学徒制，促进非正规职业教育发展

在印度尼西亚，受监管的学徒制度只是人力部管理的非正规职业教育的一小部分，而大部分的学徒制度是在没有监管或监控的情况下运作的。尽管印度尼西亚的非正规学徒制具有满足本国劳动力市场技能需求的优势，但它也存在一些问题，例如工作时间长、工作条件不够安全、津贴或工资低甚至没有、社会保护很少和性别严重失衡等。

发展非正规学徒制能够为一个国家培养出更多的高素质技术技能人才，是提高青年就业能力的一种有效方式。印度尼西亚在后续的职业教育国际合作中，不仅要完善在学校进行的正规职业教育，而且还要发展非正规职业教育，将未被纳入政府管理的非正规职业教育规范化、系统化地纳入监管体系，并给予相应的帮扶与资助，使其充分发挥技能培训的作用。

参考文献

一、中文文献

［1］赵坤，等. 中国-东南亚高等教育合作研究［M］. 北京：北京理工大学出版社，2022.

［2］中国-东盟中心. 东盟国家教育体制及现状［M］. 北京：教育科学出版社，2014.

［3］杨晓强. 印度尼西亚［M］. 大连：大连海事大学出版社，2018.

［4］王名扬，汉迪·尤尼亚多. 印度尼西亚文化教育研究［M］. 北京：外语教学与研究出版社，2023.

［5］张德祥，李枭鹰. 印度尼西亚、东帝汶教育政策法规［M］. 齐小鹛，等，编译. 大连：大连理工大学出版社，2020.

［6］李枭鹰，向佳桦. 印度尼西亚高等教育政策法规［M］. 桂林：广西师范大学出版社，2014.

［7］刘进，张力玮，等. "一带一路"高等教育国别比较研究［M］. 北京：北京理工大学出版社，2019.

［8］白滨，吕欣姗. 东盟国家职业教育研究［M］. 北京：北京师范大学出版社，2020.

［9］联合国教育、科学及文化组织，东南亚教育部长组织高等教育发展研究地区中心. 东南亚高等教育［M］. 张建新，译. 昆明：云南人民出版社，2008.

［10］赵长峰，李云龙. 中国与印度尼西亚职业教育合作现状、问题及对策研究［M］// 韦红. 中国与印度尼西亚人文交流发展报告：2020. 北京：社会科学文献出版社，2020.

二、外文文献

［1］KOMARIAH A, KURNIATUN T, KURNIADY D, et al. Educational Administration Innovation for Sustainable Development［M］. London: Taylor & Francis Group, 2018.

［2］BIN BAI, PARYONO. Vocational Education and Training in ASEAN Member States Current Status and Future Development［M］. Berlin: Springer, 2019.

［3］EKA PUSPITAWATI. Indonesian Industrialization and Industrial Policy: Peer Learning from China's Experiences［M］. United Nations Conference on Trade and Development, 2021.

［4］DARA SAFITRI, PIJAR SUCIATI. The new Curriculum: A Tale from Indonesian Vocational Higher Education［J］. KnE Social Sciences, 2018, 3（11）: 510-530.

［5］SUHARNO, NUGROHO AGUNG PAMBUDI, BUDI HARJANTO. Vocational education in Indonesia: History, Development, Opportunities, and Challenges［J］. Children and Youth Services Review, 2020（115）: 1-8.

［6］VIDI SUKMAYADI, AZIZZUL HALIM YAHYA. Indonesian Education Landscape and the 21st Century Challenges［J］. Journal of Social Studies Education Research, 2020, 11（4）: 219-234.

［7］MURUL HIKMAH, SARTI HAFSYAH SIREGAR. Non-Formal Education: Development of Soft Skills Education in Indonesian Society［J］. Advances in Social Science, Education and Humanities Research (ASSEHR), 2017, 88: 142-145.

［8］SETIYAWAMI, SUGIYO, SUGIYONO, TRI JOKO RAHARJO. The Challenges of Vocational Education in Indonesia［J］. International Journal of Scientific and Research Publications, 2021, 11（3）: 142-144.

[9] MUJI SETIYO, BUDI WALUYO1, ARI SURYAWAN1, MOCHAMAD BRURI TRIYONO, DEWI EKA MURNIATI. Alternative model of curriculum development for vocational higher education: Indonesian perspective [J]. Curriculum Perspectives, 2020, 40（8）: 173-187.

[10] ASTRID WIRIADIDJAJA, LELLY ANDRIASANTI, ANDREA JANE. Indonesia-German Cooperation in Vocational Education and Training [J]. Journal of Local Government Issues, 2019, 2（2）: 178-192.

[11] YOHANNES TELAUMBANUA. Analiysis permasalahan implementasi Kurikulum 2013 [J]. Scientific Journal of Linguistics, Literature and Language Education, 2014, 3（1）: 83-105.

[12] HARUNA, CENNY NINGSIH. Efektivitas program pendidikan Kesetaraan Paket B dan C oleh pusat Kegiatan Belajar Masyarakat （PKBM）Cendekia di Kabupaten Pangandaran [J]. Jurnal Moderat, 2018, 4（5）: 53-63.

[13] AHMADI USMAN, ABDUL HANID. The Status and Challenges of Entrepreneurship Education in Vocational Higher Education Institutions in Indonesia [J]. Jurnal Kewirausahaan dan Bisnis, 2020, 27（2）: 130-140.

[14] RONAL WATRIANTHOS, AMBIYAR AMBIYAR, FAHMI TIZAI, NIZWARDI JALINUS. Research on Vocational Education in Indonesia: A Bibliometric Analysis [J]. Jurnal Teknil Eletro dan Vokasional, 2022, 8（9）: 187-192.

[15] MASON R.B, MBAMBO S.N, PILLAY M.A. Service Quality at Technical and Vocational Education and Training Colleges: Perception According to Demographic Factors [J]. Journal of Technical Education and Training, 2018, 10（1）: 15-29.

[16] CANTOR L. Vocational Education and Training in the Developed World [J]. The Vocational Aspect of Education, 1991, 9（115）: 173-182.

[17] GIZ, Indonesian Quality Training Framework. [R]. Bonn: AISUKE Graphic & Art Consultan, 2017.

[18] OECD. Reviews on Local Job Creation: Employment and Skills Strategies in Indonesia [R]. Paris: OECD, 2020.

[19] KEMENDIKBUD. Pengelolaan Pendidikan Kejuruan: Pengembangan Sekolah Menengah Kejuruan (SMK) 4 tahun [R]. Jakarta: Pusat Penelitian Kebijakan Pendidikan dan Kebudayaan, 2017.

[20] KEMENDIKBUDRISTEK. Statistik Sekolah Menengah Kejuruan 2021—2022 [R]. Jakarta: Setjen, Kendikbudristek, 2022.

[21] KEMENDIKBUDRISTEK. Statistik Sekolah Menengah Kejuruan 2022—2023 [R]. Jakarta: Setjen, Kendikbudristek, 2023.

[22] RINGKASAN STATISTIK PENDIDIKAN Indonesia. Indonesia Educational Statistics in Brief 2020—2021 [R]. Jakarta: MoEC, 2021.

[23] RINGKASAN STATISTIK PENDIDIKAN Indonesia. Indonesia Educational Statistics in Brief 2021—2022 [R]. Jakarta: MoEC, 2022.

[24] WORLD BANK. Revitalizing Public Training Centers in Indonesia: Challenges and The Way Forward [R]. Jakarta: The World Bank Office Jakarta, 2011.

[25] OECD, ASIAN DEVELOPMENT BANK. Education in Indonesia: Rising to The Challenge [R]. Paris: OECD Publishing, 2015.

[26] ILO. TVET Ceneres in Indonesia [R]. Jakarta: ILO Working Paper, 2011.

[27] UNESCO. World TVET Database Indonesia [R]. Bonn: UNESCO-UNEVOC International Centre for Technical and Vocational Education and Training, 2013.

[28] ILO. A Guideline for Employers Apprenticeship Program in Indonesia [R]. Jakarta: ILO, 2015.

［29］DADANG KURNIA. Post-study Pre-service Practical Training Programme for TVET Teacher Students ［ R ］. Shanghai：RCP Secretariat and GIZ Office，2013.

［30］ALAMSYAH MOH，SANNI MUFTI. Challenges of Initial TVET Teacher Training in Indonesia: Empirical Analysis of Skills Deficit of Mechanical Engineering Teachers ［ D ］. Otto-von-Guericke-Universität Magdeburg，2021.